U0797367

高水平羽毛球运动员全面素质的培养与训练研究

陶念蕴/著

SPM 南方传媒
广东人民出版社
·广州·

图书在版编目（CIP）数据

高水平羽毛球运动员全面素质的培养与训练研究 / 陶念蕴著 .— 广州：广东人民出版社，2022.12
ISBN 978-7-218-16110-5

Ⅰ.①高… Ⅱ.①陶… Ⅲ.①羽毛球运动－运动员－运动训练－研究 Ⅳ.①G847.25

中国版本图书馆 CIP 数据核字（2022）第 184761 号

GAOSHUIPING YUMAOQIU YUNDONGYUAN QUANMIAN SUZHI DE PEIYANG YU XUNLIAN YANJIU
高水平羽毛球运动员全面素质的培养与训练研究
陶念蕴　著
版权所有　翻印必究
出 版 人：肖风华

责任编辑：马妮璐
责任技编：吴彦斌　周星奎
装帧设计：马静静

出版发行：广东人民出版社
地　　址：广州市大沙头四马路 10 号（邮政编码：510102）
电　　话：（020）85716809（总编室）
传　　真：（020）85716872
网　　址：http://www.gdpph.com
印　　刷：北京亚吉飞数码科技有限公司
开　　本：710mm×1000mm　1/16
印　　张：14　　**字　　数**：222 千
版　　次：2023 年 4 月第 1 版
印　　次：2023 年 4 月第 1 次印刷
定　　价：78.00 元

如发现印装质量问题，影响阅读，请与出版社（020-85716849）联系调换。
售书热线：020-87716172

前　言

优秀的羽毛球运动员是竞技羽毛球运动的第一人力资源。促进高水平羽毛球运动员的全面发展，是体育事业落实科学发展观的必然要求，是维护运动员根本利益的需要，是提高羽毛球运动发展水平的重要策略，也为我国从体育大国向体育强国迈进提供了新的人才路径。推动高水平羽毛球运动员的全面发展，就要着力培养与提升运动员的全面素质，构建有利于促进运动员全面发展的体制机制，通过长期科学系统的训练而有效培养羽毛球运动员的思想文化素质、专项竞技能力以及创新能力，促进各方面素质的协调发展与稳步提升。然而，在高水平羽毛球运动员人才培养实践中，存在过度强调竞技能力培养，而忽视知识文化素质和创新能力培养的问题，导致运动员发展不全面，严重影响了羽毛球运动员的职业生涯与可持续发展。为改善这一现状，提高羽毛球运动员培养与训练水平，促进羽毛球运动员的全面、可持续发展，作者在查阅大量相关著作文献的基础上，精心撰写了本书。

本书共有八章内容。第一章分析高水平羽毛球运动员的竞技能力，以了解羽毛球竞技能力的基本知识，为开展竞技能力培养与训练工作奠定基础。第二章讨论高水平羽毛球运动员基础知识的学习与掌握，旨在丰富羽毛球运动员的专业文化知识，提升其文化知识素养。第三章对高水平羽毛球运动员科学训练理论与方法进行研究，为羽毛球运动员竞技能力的培养与训练提供科学理论指导与实用方法参考。第四章至第七章重点探究高水平羽毛球运动员竞技能力的培养，包括体能素质、心理与智能素质、技术能力以及战术能力，只有全面培养与训练这些方面的素质与能力，才能全面提升运动员的综合竞技能力。第八章对高水平羽毛球运动员的创新能力培养及游戏训练展开探讨，从而促进高水平羽毛球运动员的创新发展，并提升羽毛球训练的创新性与趣味性。

总体而言，本书具有以下几个特征。

第一，系统性。本书首先分析羽毛球运动员的竞技能力，其次对羽毛球运动员的知识素养培养和基本训练理论进行研究，最后全面探讨羽毛球运动员体能、心智能、技战术能力以及创新能力等多元素质的培养。结构完整，内容丰富，层次清晰，系统性较强。

第二，实用性。本书从实用出发，深入探索羽毛球运动员全面素质的科学培养方法，包括知识素质培养、竞技能力培养以及创新能力培养，旨在为顺利开展高水平羽毛球运动员的培养与训练工作提供有效指导，具有重要现实意义。

第三，创新性。我国竞技羽毛球运动的发展离不开专项创新人才的推动，高水平羽毛球运动员是否具有创新能力，对中国羽毛球比赛成绩和竞技羽毛球发展水平具有重要影响。因而本书在全面探讨羽毛球运动员知识素质、综合竞技能力培养与训练的基础上，积极探索创新能力的培养策略，对促进羽毛球运动员及羽毛球运动的创新发展具有重要意义。

总之，本书全面讨论高水平羽毛球运动员全面素质的综合培养与系统训练，针对羽毛球运动员的知识素质、竞技能力以及创新能力的培养均提出了科学而有效的方法或建议，具有重要参考意义。希望本书能够为提高我国高水平羽毛球运动员的综合素质以及进一步推动我国竞技羽毛球运动的创新发展做出贡献。

本书在撰写过程中参考并借鉴了很多专家、学者的研究成果，在此表示诚挚的感谢。由于作者水平有限，书中难免有不妥与疏漏之处，敬请广大读者批评指正。

作　者

2022 年 6 月

目 录

第一章　高水平羽毛球运动员竞技能力分析

羽毛球是一项具有策略性、开放性和技巧性的竞技体育运动，近年来随着竞技羽毛球运动的不断发展、羽毛球竞赛规则的不断完善，对羽毛球运动员的综合能力提出了越来越高的要求，需要运动员的思想素质、身心素质、运动技能以及运动智能等各方面的能力相互配合、协同发展，从而在比赛中高水平地发挥竞技实力，赢得胜利。羽毛球运动员的竞技能力是由诸多因素构成的复杂统一体，认识与理解羽毛球运动员竞技能力是进行羽毛球系统训练的基础。本章主要分析高水平羽毛球运动员竞技能力，包括羽毛球运动员的身心特点及发展规律、竞技能力特征以及竞技能力影响因素。

第一节　羽毛球运动员的身心特点及发展规律

一、羽毛球运动员的身体特征

（一）身体形态特征

我国高水平羽毛球运动员的身体形态和身体成分特征主要表现在以下几方面。

(1)身材普遍中等偏高,四肢发展相对匀称。

(2)体重较轻,去脂体重较重,体密度、去脂体重和体脂百分比均比较适中。

(3)上肢和前臂相对较长,这一身体形态特点与羽毛球项目特点相符。在羽毛球比赛中,运动员要在一定的场地范围内运动,为增加运动范围和力矩,促进击球力量的提升,在选材环节就要选上肢相对较长的青少年。

(4)大腿比较粗,臂部脂肪比较厚,这样运动员在半蹲位状态下能够更加稳定地移动。

(5)股四头肌和股后肌群比较发达,这为下肢移动速度的提升和完成起跳、上网等力量性动作提供了优势。

(二)身体素质特征

下面简单分析羽毛球运动员五大身体素质的特征。

1. 力量素质

羽毛球运动员的肌肉力量、快速力量和力量耐力都比较强,这是运动员完成扣杀、平抽等力量性动作和战略的基本条件。此外,羽毛球运动员的快速爆发力也很强。

2. 速度素质

羽毛球运动员速度素质的发展时间比较早,少年儿童时期就要加强基础速度训练,然后逐渐根据专项特点进行专门速度训练,经过长期系统训练,运动员的反应速度、移动速度(起动变向)以及动作速度(完成各种击球技术)都比较强。

在羽毛球转型身体素质训练中,速度素质是核心训练内容。羽毛球竞赛从一定程度上来说比的就是速度,因此对运动员的起动加速度、变向移动速度、快速反应速度、挥臂速度、前后场连续配合速度等专项速度素质提出了较高的要求,这些方面的速度素质强也成为高水平羽毛球运动员速度素质的一大特征。

3. 耐力素质

羽毛球运动员的耐力素质主要从其快速反复多次运动的能力中体现出来，高水平运动员在这方面的能力比较强。羽毛球运动员应具备良好的速度耐力，从而能够在比赛中反复快速起动、移动以及快速完成高质量的击球动作，在整个比赛过程中不间断的快速运动贯穿始终，速度耐力强的运动员才能在整场比赛中更好地完成攻守任务。

4. 柔韧素质

羽毛球击球动作复杂多样，对运动员关节的活动范围、活动幅度均提出了较高的要求，因而羽毛球运动员关节的活动范围往往比较大，而且韧带的伸展度也有优势。

5. 灵敏素质

羽毛球速度快、方向变化多的特点对运动员的灵敏素质提出了较高的要求，乒乓球运动员身体灵活性强，对身体平衡的控制力强，并能在保持身体平衡的前提下快速变化或减速。

二、羽毛球运动员的心理特征

（一）感知与思维特征

高水平羽毛球运动员的感知思维能力很强，表现为其能够在快速、激烈对抗、瞬息万变的竞赛中在极短时间内准确感知对手的意图、准确判断来球状态、迅速决策并做出正确回球动作。

在羽毛球比赛中，运动员要在规定的场地上和一系列竞赛规则的限制条件下完成各种技术和战术行动，要在与对手的直接对抗、相互制约下进行各种思维活动和身体活动，这就需要羽毛球运动员具备准确的空间知觉、时间知觉、运动知觉以及良好的球感，要能够集中注意力，灵活分配注意力，要思维敏捷，这些心理能力构成了羽毛球运动员感知过程和思维过程的心理特征和心理品质。①

（二）情感特征

羽毛球运动员参加高水平羽毛球比赛，在整个实践过程中能够产生深刻的、起伏变化较大的情绪体验。在羽毛球比赛中，双方直接对抗，求胜欲都非常强，心理处于高度敏感和紧张状态。羽毛球运动的比分随时都在变化，运动员的情绪、思维和行动易受比分的影响，而且也会受到外界环境如比赛场地、观众、裁判等的影响，比赛中一系列复杂的变化使运动员产生强烈的生理反应，并与其思维、心理的反应相互影响，从而造成了情绪体验的丰富、强烈、多变。

高水平羽毛球运动员的情绪体验具有以下特点。

(1)责任感、道德感、集体荣誉感都非常强。

(2)有迅速、强烈的情感体验。

(3)情绪体验易变化，甚至有性质上的转化。

羽毛球运动员在激烈的比赛中要有良好的自我认知，树立正确的胜负观，去除杂念和消极想法，能调动自己的积极情绪，将自己的心态与情绪控制在良好状态下。

（三）意志特征

羽毛球运动员意志品质的培养是心理训练的重要内容之一，这将直接关系到其能否在比赛中坚持到胜利的终点。

羽毛球比赛持续时间较长，在双方实力相当的比赛中，竞争十分激烈，双方运动员消耗巨大的体能，为了提升运动员的体能水平和运动能力，训练负荷逐渐增加，这就对运动员的意志力提出了很高的要求。坚持不懈、意志顽强的运动员能够承受长期的训练压力，能够在比赛中通过多次重复的移动、起跳、击球来坚持到最后，赢得胜利。

羽毛球运动训练比较枯燥，而且这是一个长期的过程，只有经得住磨炼、耐得住枯燥、训练态度积极的运动员才能坚持完成所有的训练，通过不断重复每个练习而达到很高的水平，积累丰富的经验，将击球技术

① 陈治．现代羽毛球技术教学与训练[M]．郑州：河南大学出版社，2014.

掌握得非常熟练，运用得非常好。

高水平羽毛球运动员的抗干扰能力必须要强，适应外界的能力也要好，能够在外界刺激和干扰下抵抗住压力，承受住自身心理负荷和精神压力，以坚强果断的意志品质去坚持每一次艰苦的训练。

（四）个性心理特征

下面主要从精神特征、性格特征两方面来分析高水平羽毛球运动员的个性心理特征。

1. 精神特征

羽毛球运动员必须具备很强的、高度灵活和平衡的神经过程。因此，神经过程很强的、高度的灵活性和平衡性成为高水平羽毛球运动员的精神特征。

2. 性格特征

性格是一个人对待现实的态度和行为方式方面较为稳定的心理特征。羽毛球运动的结构和竞技特点决定了高水平羽毛球运动员所应具备的性格特征，表现如下。

（1）对现实的态度方面

①对待羽毛球运动的态度：有目的性、事业心、主动性、独立性和创造性等。

②对待集体与他人的态度：有集体主义精神、原则性、坦率性、热情与正义感等。

③对待自己的态度：有自我批评精神、自尊心、自律克己、谦虚谨慎等。

（2）行为方式方面

①乐于与他人合作。

②聪慧，有才识，理智，独立积极。

③情绪稳定，自律严谨。

④攻击性较强。

⑤精明能干，行为得体。

⑥勇敢果断，自立自强。

三、羽毛球运动员身心发展遵循人体发展的基本规律

羽毛球运动员身心发展遵循人体发展的以下五大基本规律。

（一）顺序性

人体的身心发展具有一定的方向性和顺序性，既不能逾越，也不会逆向发展，表现如下。

身体系统发展顺序：神经系统→运动系统→生殖系统。

个体动作发展顺序：自上而下，由躯体中心向外围，从粗动作到细动作。

心理品质发展顺序：无意注意→有意注意，机械记忆→意义记忆，具体形象思维→抽象逻辑思维，一般情绪（喜怒哀乐等）→高级情绪（道德感，理智感，美感等）。

鉴于人体身心发展的顺序性，在羽毛球运动员培养中要按照循序渐进的原则来组织训练。

（二）阶段性

人一生的发展变化体现出量的积累，又表现出质的飞跃。某些代表新质要素的量积累到一定程度时，就会形成质的飞跃，这是身心发展的阶段性规律。

支撑人体身心发展阶段性规律的科学理论依据有皮亚杰的认知发展阶段理论、弗洛伊德的性心理发展阶段理论以及埃里克森的社会性发展阶段理论等。

人体身心发展的阶段性规律对羽毛球运动员培养的启示是要有针对性地干预羽毛球后备人才的身心素质，尤其是专项素质，通过量的积累逐步实现质的飞跃。

（三）不平衡性

人的一生中经历不同的生长发育阶段，在不同阶段身心素质发展的规律不同，如发展速度、起始时间以及达到成熟水平的时间都是有区别的，而且同一机能系统特性在不同阶段的发展速率也有差异。

比如，人的身高和体重在出生第一年和青春期发展速度快，力量、速度、耐力等各项身体素质发展的敏感期不同，因此我们要抓住羽毛球后备人才身心发展的关键期和敏感期来加强体能培养，有效提升羽毛球运动员的体能素质水平。

（四）互补性

当人体某一机能受损甚至缺失时，可通过其他方面的超常发展得到部分补偿，这反映了人体身心发展各组成部分的相互关系，即身心发展互补性规律，包括生理和生理的互补、生理和心理的互补以及心理与心理的互补。

人体身心发展的互补性规律启示我们在羽毛球运动员身心素质的培养与提升中要扬长避短，促进运动员身心素质平衡发展。

（五）差异性

不同个体的身心发展速度、发展高度以及发展优势是有区别的，如有的观察能力强，有的记忆力好；有的善于理性思维，有的长于形象思维；有的早期聪明，有的大器晚成。我们要尊重不同个体的身心发展差异，了解并肯定个体的长处和优势，同时发现个体身心发育的不足，及早弥补和修复。差异性规律启示我们在羽毛球运动员身心素质培养中要做到区别对待，深入挖掘潜能，形成优势，并弥补不足。

第二节　羽毛球运动员的竞技能力特征

一、运动员竞技能力概述

（一）运动员竞技能力的概念

竞技能力是竞技运动本质的具体体现，是竞技运动制胜规律的基本构件，是运动专项特征的核心内容。运动员竞技能力是指运动员在训练中的承受能力和在比赛中的表现能力（运动成绩）。运动员竞技能力是运动员体能、技术能力、战术能力、心理能力、运动智能以及思想道德作风等要素的有机综合。

（二）运动员竞技能力的要素

1. 运动员竞技能力的结构要素

田麦久教授系统研究了竞技能力的构成，指出运动员的竞技能力由体能、技能和心理能力构成，如图 1-1 所示。该图反映了竞技能力构成因素在竞技运动中的表现形式以及影响各要素发挥的基础条件。

有学者在田麦久教授研究成果的基础上对竞技能力的结构进行了补充，指出竞技能力的构成除了包含体能、技能和心理能力等要素外，还包括运动智力，由此形成了新的竞技能力结构体系，如图 1-2 所示。

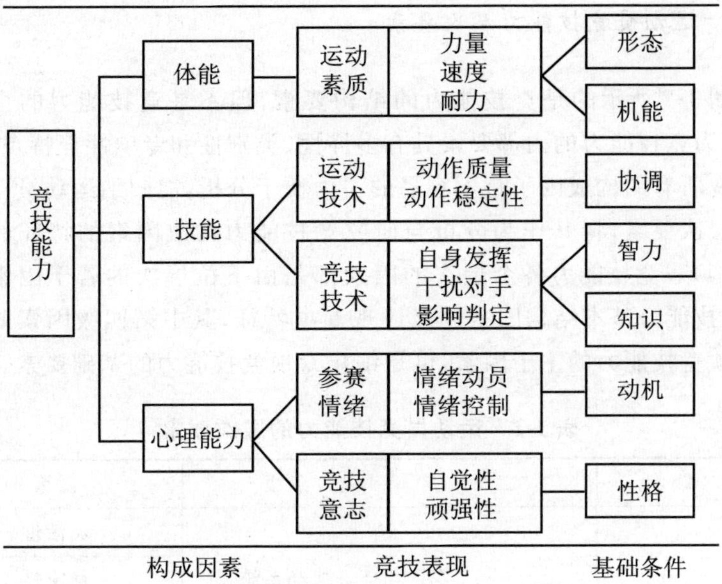

图 1-1 竞技能力的构成①

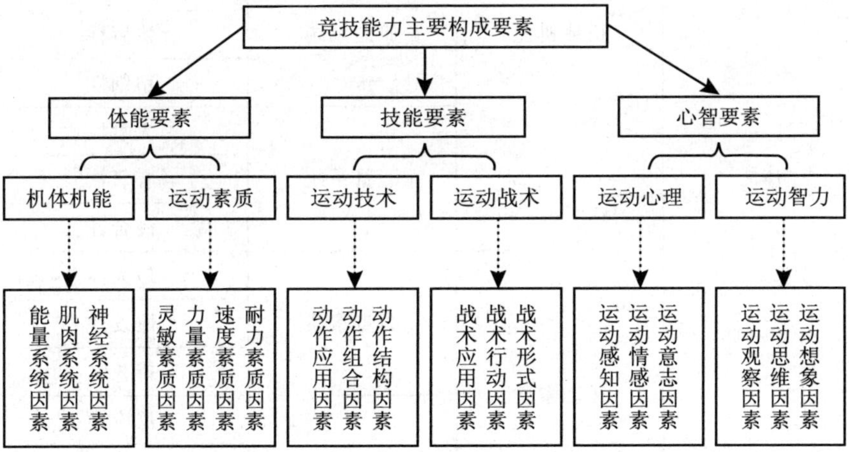

图 1-2 竞技能力主要构成因素②

① 杨桦，李宗浩，池建．运动训练学导论[M]．北京：北京体育大学出版社，2007.

② 胡亦海．竞技运动训练理论与方法[M]．北京：人民体育出版社，2014.

2. 运动员竞技能力层次要素

图 1-2 所示的是竞技能力的结构要素，但不是竞技能力的全部要素，因为竞技能力的内部要素具有多样性、类别性和专项性等特点，所以要展现所有的构成因子是不容易的。为便于分析，需归纳运动员竞技能力的层次要素，将其作为分析与研究竞技能力构成因素的特征的基点(表 1-1)。竞技能力各个层次的因素都是由下位层次的若干因素组成的，竞技能力基本结构因素逐级体现专项特征，其中第四级因素既是显现专项竞技能力的主干因素，也是细化专项竞技能力的基础要素。

表 1-1　运动员竞技能力的层次要素①

一级	二级	三级	四级
体能	机体机能	神经系统	灵活性
			稳定性
			高强性
		肌肉系统	速度性
			协调性
			精细性
		能量系统	无氧性
			有氧性
			混合性
	运动素质	力量素质	最大性
			爆发性
			持久性
		速度素质	反应性
			速度性
			持久性

① 胡亦海．竞技运动训练理论与方法[M]．北京：人民体育出版社，2014.

续表

一级	二级	三级	四级
体能	运动素质	耐力素质	短时性
			中时性
			长时性
		灵敏素质	协调性
			应变性
			及时性
技能	运动技术	动作结构	稳定性
			多样性
			微调性
		动作组合	衔接性
			变异性
			节奏性
		动作运用	准确性
			应变性
			难美性
	运动战术	战术形式	多样性
			针对性
			转换性
		战术行动	默契性
			应变性
			预见性
		战术应用	熟练性
			针对性
			诡奇性
		运动感知	清晰性
			准确性
			敏锐性

续表

一级	二级	三级	四级
心智	运动心理	运动感知	清晰性
			准确性
			敏锐性
		运动情感	激情性
			稳定性
			表现性
		运动意志	坚定性
			果断性
			自制性
	运动智力	运动思维	敏捷性
			想象性
			逻辑性
		运动观察	细微性
			准确性
			广泛性
		运动想象	清晰性
			丰富性
			联想性

二、羽毛球运动员竞技能力的结构特征

羽毛球运动员的竞技能力同样从竞技能力的五大结构要素中体现出来，包括体能、技术能力、战术能力、运动心理和运动智力。其中居于最基础地位的体能素质具体包括三个方面的内容，分别是身体形态、身体机能和身体素质。体能、技术和战术是羽毛球运动员应该具备的基础性竞技能力，能够为运动员在比赛中取得胜利提供基础保障。这些能力是运动员在长期系统的训练中获得的，而不是短期内一

蹴而就的。

除了体能、技术和战术这些基本的竞技能力外，运动心理和运动智能作为羽毛球运动员竞技能力的重要组成部分同样在羽毛球比赛中发挥着重要作用，是运动员在比赛中将自身竞技实力充分发挥出来的重要保障，对运动员的临场发挥能力有重要影响。

如果说体能、技术和战术是羽毛球运动员竞技实力的物质基础，是羽毛球运动员竞技水平的基础保障，是运动员在比赛中取得良好成绩不可或缺的基础因素，那么心理和智能就是羽毛球运动员在比赛中发挥技能的重要思想保障，它们是最高级层次的组成要素，对体能和技战术能力有调节作用，直接影响运动员对自身竞技实力的支配和运用，是影响羽毛球运动员在激烈比赛中临场发挥能力的关键因素。

羽毛球运动员竞技能力结构模型如图 1-3 所示。

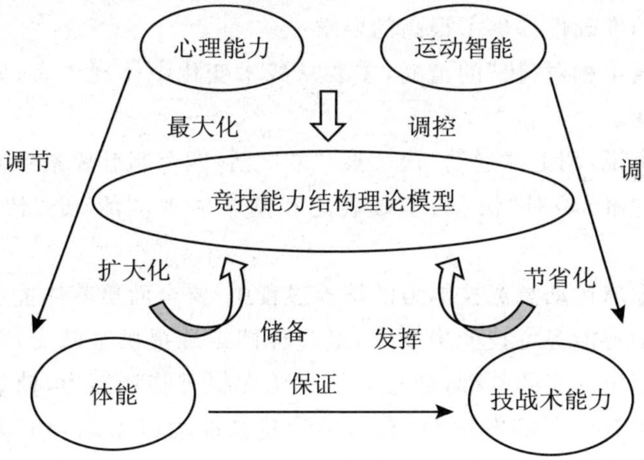

图 1-3　羽毛球运动员竞技能力结构理论模型①

三、羽毛球运动制胜规律与运动员竞技能力的关系

根据羽毛球运动的竞技特征和羽毛球比赛的发展趋势，可以将羽毛

① 曹汀汀．羽毛球运动员竞技能力评价指标体系的构建[D]．北京：北京体育大学，2017.

球竞技比赛的制胜要素归纳为“快”“狠”“准”“活”，这四个要素中居于核心地位的是“快”，其他三个是核心要素的具体表现。“快”是现代羽毛球运动的一大发展趋势，不仅男子打法越来越快，而且女子打法也不断趋于男性化，传统的女子打法逐渐退出舞台，在比赛中以“快”作为争取主动、寻求突破、得分取胜的运动员越来越多。

“快”包括绝对和相对两种情况，绝对的“快”主要通过运动员的速度力量、力量耐力和速度耐力等基础体能反映出来，相对的“快”体现在运动员的速度控制力上，即变速能力上，运动员的技战术能力可以从相对的“快”体现出来。“狠”“准”“活”是“快”的具体体现，分属于绝对“快”和相对“快”的范畴中。

“狠”:“快”的表现之一，在绝对“快”的范畴中，重点在进攻上体现出来。

“准”:同样作为“快”的表现之一，属于相对“快”的范畴，对运动员步伐和击球的准确性提出了很高的要求。

“活”属于相对“快”的范畴，主要从战术变化中体现出来，要求运动员球路多变。

总的来说，羽毛球运动“快”“狠”“准”“活”四个制胜要素的基本关系是，“狠”和“准”是对“快”的基础表达和基本体现，“活”是“快”的最终体现。

在羽毛球运动员竞技能力的培养过程中，要全面培养体能、技战术、心理和运动智能等竞技能力要素，通过体能训练提供基础支撑，通过技战术训练奠定扎实的基础，通过心智训练而提升临场能力，使运动员能够在比赛中有出色的发挥，只有将各项竞技能力因素结合起来全面训练，才能共同综合表达“快、狠、准、活”四大制胜因素的精髓。

第三节　影响羽毛球运动员竞技能力发展的因素分析

羽毛球运动员竞技能力的影响因素诸多，如性别、年龄、智力等个体因素；训练活动、教练员水平、竞技运动员培养的相关制度等外在因素。

不同因素对不同运动员或同一运动员不同发展阶段的影响程度不同，要区别对待。本节主要分析影响羽毛球运动员竞技能力发展的性别因素、年龄因素、智力因素以及运动训练因素。

一、性别的影响

（一）性别对思维活动的影响

通常而言，竞技体育中身体活动速度越快，需要越多的操作思维参与工作，而身体活动速度越慢，则需要越多的逻辑思维参与工作。羽毛球运动是速度很快的开放性竞技体育项目，羽毛球运动员往往要在瞬间获取信息、采取行动，运动员的速度非常快，因此运动员在比赛中主要是操作思维参与工作，而逻辑思维成分少。也正因如此，操作思维成为评定羽毛球运动员认知特征的重要指标之一。

人的操作思维特征有性别差异，水平接近的男子运动员和女子运动员在羽毛球比赛中的操作思维活动存在差异，主要从操作步数和操作总时间上体现出来，一般男子运动员比女子运动员更有优势，即男子运动员的操作步数比女子运动员少，操作总时间比女子运动员短，外在表现是男子运动员的身体活动更快。

（二）性别对力量的影响

体能素质是竞技能力的基础组成因素，而力量是体能素质的基础组成因素，因此力量是运动员竞技能力结构中基础的基础。羽毛球运动员的力量素质存在鲜明的性别差异。

一般来说，男性的肌肉力量大于女性，这与女性的身体构造有关，女性骨骼重量在体重中占的比例较小，骨骼缺乏较强的抗压能力，骨杠杆长度较短，骨骼结节比较小，骨骼肌附着面非常有限，这些先天身体因素决定了女性的肌肉力量不及男性。因此男子羽毛球运动员的绝对力量、速度力量、爆发力都比女子运动员强。

(三)性别对耐力的影响

通常,女性的耐力素质不及男性,最大摄氧量的性别差异是直接原因。男性的最大摄氧量大于女性,主要是因为男性和女性相比,肺容量大,气管宽,气道阻力小,呼吸肌力量强,以腹式呼吸为主,所以肺通气能力强,心排血量和脉搏量都大。

但是,在低于80%最大摄氧量强度的耐力运动中,男女运动员的耐力水平差异就比较小,甚至女性的耐力水平会超过男性,因为女性在脂肪供能方面有优势,动用脂肪供能的比例比男性高。

(四)性别对技术的影响

从技术上来看,占优势的是女子运动员。女子运动员的体能素质不及男子,因此在日常训练中对基础动作的训练非常重视,因而基本功特别扎实,为技术水平的提高打好了基础。在一般的羽毛球混双比赛中,男子运动员因为身体素质更强,所以在后场进攻中担当重任,而网前封网、为同伴后场进攻创造条件则是女子运动员的主要任务,但在高水平的羽毛球混双比赛中,当混双搭档的水平都很高时,他们轮转配合时女子运动员在后场进攻的现象也是比较多见的。在后场进攻的优秀女子运动员同样可以凶猛进攻,速度变化非常快,让对手吃不消。

高水平的竞技羽毛球混双比赛中,动作节奏之快,球速之迅猛,球路变化之多都是显而易见的,男子运动员在攻守中消耗的能量相对更多一些,若搭档的女子运动员能够在某个瞬间爆发出惊人的能力,将对方节奏破坏,则能够为男子运动员减轻压力,并打破局势,创造得分机会。

二、年龄的影响

人在不同年龄阶段的技能操作有不同的特点。专业运动员技能操作的发展变化规律是,从出生到青少年阶段,随着身心的不断发育和经验的积累,运动技能不断提高。从18—26岁这个阶段,不管是身体素质、运动技能还是经验,都在不断累积、发展,是多数运动员的黄金发展阶段，运动员的巅峰期也往往出现在这个阶段。而在26岁之后，随着年龄的增长，身体素质和运动能力达到一定水平后开始停滞不前和退化。

运动员从出生到成年，随着年龄的增长、身心素质的不断发育，技能操作能力能够得到系统而显著的提高，这从很多方面体现出来，如肌肉力量、运动速度、判断和预测能力、信息加工能力等。年龄因素对青少年羽毛球运动员运动技能水平的影响很明显，到18岁左右时，运动技能一般可以达到较高水平。

青少年羽毛球运动员随着年龄的继续增长，身心发育的成熟度越来越高，接近成人水平，经验的积累也越来越多，很多方面的运动能力都有良好的发展势头。从动作的发展来看，年龄大一些的青少年优于年幼者，原因主要有两点：第一，随着青少年年龄的增长，身心发育逐渐完成，信息加工能力、动作控制力也有效提升。第二，随着青少年身体素质水平的提高，其掌握动作技能的条件不断成熟，因而学习能力有所提高。青少年的运动技能是动态发展的，这一阶段运动技能不断提升可以总结为个体、任务和执行任务的环境之间相互作用的结果。

运动员到青年后期和中年期时，运动能力的发展常常陷入瓶颈期，一些能力会有下降的趋势。2021年国际羽联最新数据显示，男子单打世界排名中前十名运动员的平均年龄是26岁。① 一般来说，超过这个年龄尤其是30岁之后，身体素质、运动能力都会下滑，他们和年轻选手相比，体能方面已经处于劣势了，占优势的主要就是经验丰富和临场应变能力强。虽然年长的高水平羽毛球运动员的运动能力和同龄的非运动员、一般运动员相比还是处于较高水平，但在世界顶尖的专业羽毛球选手中，年龄依然是他们的一个“致命因素”。

三、智力的影响

智力对羽毛球运动员的竞技能力有非常明显的影响。低智力群体动作能力的发展速度严重落后于同龄的智力正常者，智力低下的人感知能力较差，学习能力不强，就连身体控制能力如平衡力、协调性等也和正

① 任益琢．影响羽毛球运动员个体能力的因素分析[J]．文体用品与科技，2022(2)：82-85.

常人有差距。而智力水平很高的人，他们的运动能力又明显超过智力一般的人。

羽毛球运动具有技巧性和策略性，因此对运动员的智力提出了较高的要求，智力也自然成为影响羽毛球运动员竞技能力的一项重要因素，智力的影响表现如下。

（一）智力对技术的影响

和智力一般的运动员相比，智力水平高的运动员学习新技术时所用时间比较短，而且学会之后运用的熟练度和灵活度也更强。运动智能水平高的羽毛球运动员身体控制力更突出，表现在灵敏、平衡、协调等方面。此外，智力强的运动员与一般智力水平的运动员相比，还具有球路变化多、落点准确、能出奇制胜的优势。

（二）智力对战术的影响

当羽毛球运动员的智商高、运动智能强时，往往能很快理解战术意图，规范合理地完成个人战术和配合性战术。此外，在激烈的羽毛球比赛中，运动智能水平高的运动员比较容易识破对方的招数，能灵活地见招拆招，将对方战术破解，并采用能够攻克对方球路的战术来积极应对。总之，智力对运动员战术的影响主要体现在比赛分析、决策和临场应变中，一般的运动员难以达到这样的水平。

（三）智力对心理的影响

智力水平高的羽毛球运动员往往心理素质比较好，心理抗压能力也比较强，在赛前能及时调整心理状态，在比赛中也能沉着应对，稳定发挥。在关键分时对球的处理非常从容、恰当。这都是高智能水平羽毛球运动员制胜的法宝。

此外，观察能力强是羽毛球运动员智能水平高的表现之一，高智商运动员在比赛过程中能够通过迅速观察对手而捕捉信息、分析局势，从对手的表情、姿态、运动能力中判断对方的意图和竞技状态，并找出破绽，想方设法迫使对方失误。

总之，智力对羽毛球运动员竞技能力的影响非常大，运动员智力高，竞技能力强，临场发挥上占据优势，获胜的概率大。

四、运动训练的影响

羽毛球运动员的竞技能力各要素都要通过运动训练才能获得系统的发展和显著的提升。运动员体能、智力、心理以及运动能力的发展虽然都不同程度地受到先天遗传因素的影响，但相对来说，后天运动训练的影响更大。在羽毛球后备人才选材中，确实有许多选材指标与遗传因素密切相关，但选拔有天赋的好苗子后，关键还是要通过长期系统的训练和科学的培养来使其成才，成为优秀的羽毛球运动员。

在羽毛球运动员后天的培养中要不断挖掘后备人才的潜力，抓住他们身心素质、运动能力发展的敏感期来进行科学训练，制订科学的训练计划，设计创新的训练方法，科学安排体能、心智能、技战术等各方面的训练，促进运动员各方面竞技能力的协同发展，提升后备人才的整体竞技能力，使其在比赛中发挥实力，取得优异成绩，成为在国内外都有重大影响力的优秀羽毛球选手。

第二章　高水平羽毛球运动员基础知识的学习与掌握

在我国，羽毛球运动有着广泛的群众基础，无论是竞技层面还是大众层面，羽毛球运动的发展都呈现出良好的势头。本章重点介绍羽毛球运动的基础知识，以帮助羽毛球运动参与者更加深入地了解这一项运动。

第一节　羽毛球运动基本常识

一、羽毛球运动的由来

羽毛球这一项运动有着悠久的历史，很早以前，世界上许多国家和地区就有类似羽毛球运动的游戏。例如古代类似羽毛球的“毽子”游戏在中国和其他亚洲、欧洲的国家史书上都有记载，这可以说是羽毛球运动的雏形。

14—15 世纪时，日本出现了关于羽毛球的文字记载，人们使用木制的球拍和樱桃核插上羽毛制成的球来回对打，成为羽毛球运动的雏形。由于当时的制作技术有限，这种球不够坚固耐用，球托太重，飞行速度过快，导致球的羽毛极易损坏，在此之后羽毛球运动的发展受到了一定程度的制约，发展速度不是很快。

发展到 18 世纪，印度的浦那开始流行一种类似早期日本羽毛球运动的游戏，球是用绒线编制而成，直径约6厘米，中间挖个孔，插上羽毛，与我国的毽子类似，人们手持木拍，隔网将球在空中来回对击。印度将这项运动称为“浦那”。关于浦那，中国和泰国的史料中也有记载，只不过是各国的叫法不同。

19世纪60年代，真正意义上的现代羽毛球运动诞生。一些退役的英国军官将浦那这种活动带回了英国，然后根据自身实际对球进行改进，研制出用羽毛和软木做成的球，穿弦改良球拍，促使羽毛球这一项运动成为竞技项目。

伴随着时间的退役，羽毛球这项极富趣味性和娱乐性的运动迅速在英国流行开来，当时人们将其称为伯明顿的游戏(The game of badminton)，为了纪念羽毛球发源于伯明顿村，于是将Badminton作为羽毛球的正式名称，这一名称也一直延续至今。

二、羽毛球运动的特点

(一)组织方式灵活

羽毛球运动得益于其方便的组织形式，使其成了大众体育健身中的绝佳项目，其场地要求不高，器材方便购买，规则简单，参与人数灵活，而且羽毛球技术动作简单、易于掌握，游戏性强，运动负荷可大可小，具有非常显著的组织灵活性。

(二)群众基础广泛

作为轻巧型的小球类运动，羽毛球具有器材简单、场地简便，以及具有娱乐性、技巧性、智能性和对抗性等特点。这些特点的存在使其总能满足不同年龄、不同水平的爱好者的需求，因此参与人群多样，人数众多，有着广泛的群众基础。

(三)技战术打法与比赛时间的不确定性

羽毛球运动具有很多不确定性的特点。当然,这个特点并不是羽毛球运动的不足,而主要强调的是运动本身具有的带有不确定性的元素,这给羽毛球比赛带来的不可预测性,让比赛更有悬念,进而提升了观赏性。羽毛球运动的不确定性主要体现在技战术打法的不确定性和比赛时间的不确定性两个方面。

(四)要求运动者具备全面的身体素质

羽毛球运动中的诸多不确定性特点就决定了运动员必须具备全场立体攻防的能力,如此才能在紧张激烈的比赛中捕捉到对方的意图,从而占据比赛的主动,获得比赛胜利。

总体而言,羽毛球运动要求参与者必须具备以下基本素质:

(1)要求运动者具备良好的爆发力量。

(2)要求运动者具备良好的耐力素质。

(3)要求运动者具备良好的灵敏与协调素质。

第二节　羽毛球运动竞赛文化知识

一、羽毛球基本竞赛规则

(一)计分方法

一场羽毛球比赛应以三局两胜定胜负。另有规定的则按规定进行。

(1)除下述规则(3)和(4)的情况外,先得21分的一方胜一局。

(2)对方“违例”或球触及对方场区地面成死球,该方胜一回合并得

1分。

(3)20平后,领先得2分的一方胜该局。

(4)29平后,先到30分的一方胜该局。

(5)一局的胜方在下一局首先发球。

(二)交换场区

如果出现以下情况中的任何一种,运动员应交换场区。

(1)第一局结束。

(2)第二局结束(如果有第三局)。

(3)在第三局比赛中,一方先得11分时。

如果运动员未按上述规定交换场区,一经发现,在死球时立即交换。运动员已取得的比分有效。

(三)发球规则

1. 合法发球

(1)一旦发运动员和接发运动员做好准备,任何一方都不得延误发球开始。发球时发运动员球拍的拍头做完后摆,任何迟滞都是延误发球开始。

(2)发运动员和接发运动员,应站在斜对角的发球区内,脚不得触及发球区和接发球区的界线。

(3)从发球开始,至发球结束前,发运动员和接发运动员的两脚,都必须有一部分与场地的地面接触,不得移动。

(4)发运动员的球拍,应首先击中球托。

(5)发球员的球拍击中球的瞬间,整个球应低于距离场地地面高度1.15米,否则为"违例"。

(6)发球开始后,发运动员必须连续向前挥拍,直至将球发出。

(7)发出的球向上飞行过网,如果未被拦截,球应落在规定的接发球区内(即落在界线上或界线内)。

(8)发运动员发球时,应击中球。

2. 发球准备

(1)发运动员应在接发运动员准备好后才能发球,如果接发运动员已试图接发球,即被视为已经做好准备。

(2)双打比赛发球时,发运动员和接发运动员的同伴应在各自的场区内。其站位不限,但不得阻挡对方发运动员或接发运动员的视线。

3. 发球开始

运动员站好位置准备发球,发运动员的球拍头第一次向前挥动,即为发球开始。

4. 发球结束

发球开始,发运动员的球拍击中球或未能击中球,均为发球结束。

(四)单打规则

1. 发球区和接发球区

(1)一局中,发运动员的分数为0或双数时,双方运动员均应在各自的右发球区发球或接发球。

(2)一局中,发运动员的分数为单数时,双方运动员均应在各自的左发球区发球或接发球。

2. 击球顺序和位置

一回合中,球应由发运动员和接运动员交替从各自所在场所一边的任何位置击出,直至成死球为止。

3. 得分和发球

(1)发运动员胜一回合则得1分。随后,发运动员再从另一发球区发球。

(2)接发运动员胜一回合则得1分。随后,接发运动员成为新发运动员。

（五）双打规则

1. 发球区和接发球区

（1）一局中，发球方的分数为0或双数时，发球方均应从右发球区发球。

（2）一局中，发球方的分数为单数时，发球方均应从左发球区发球。

（3）接发球方上一回合最后一次发球的运动员应在原发球区接发球。他的同伴接发球的站位与其相反。

（4）接发运动员应是站在发运动员斜对角发球区的运动员。

（5）发球方每得1分后，原发运动员则变换发球区再发球。

（6）除规则八的情况外，发球都应从与发球方得分相对应的发球区发出。

2. 击球顺序和位置

每一回合发球被回击后，由发球方的任何一人和接球方的任何一人，交替在各自场区的任何位置击球，如此往返直至死球。

3. 得分和发球

（1）发球方胜一回合则得1分。随后发运动员继续发球。

（2）接发球方胜一回合则得1分。随后接发球方成为新发球方。

4. 发球顺序

每局比赛的发球权必须按照以下顺序进行传递。

（1）发运动员从右发球区发球。

（2）首先接发运动员的同伴，从左发球区发球。

（3）首先发运动员的同伴。

（4）首先接发运动员。

（5）首先发运动员，如此传递。

（六）重发球

(1)由裁判员或运动员（未设裁判员时）宣报“重发球”，用以中断比赛。

(2)在比赛中，如果出现以下情况中的任意一种，即可被判罚为“重发球”。

①发运动员在接发运动员未做好准备时发球。

②在发球过程中，发运动员和接发运动员都被判违例。

③发球被回击后，如果出现以下两种情况中的一种，即可被判罚为重发球。

A. 球停在网顶。

B. 球过网后挂在网上。

④比赛进行中，球托与球的其他部分完全分离。

⑤裁判员认为比赛被干扰或教练干扰了对方运动员的比赛。

⑥司线员未能看清，裁判员也不能做出裁决时。

⑦遇到不可预见的意外情况。

(3)“重发球”时，此次发球无效，原发运动员重新发球。

（七）死球

在比赛中，如果出现以下情况中的任意一种，即可被判罚为死球。

(1)球撞网或网柱后，开始向击球者网这方的地面落下。

(2)球触及地面。

(3)宣报了“违例”或“重发球”。

（八）比赛暂停

(1)遇到不是运动员所能控制的情况，裁判员可根据需要暂停比赛。

(2)遇到特殊情况，裁判长可要求裁判员暂停比赛。

(3)如果比赛暂停，已得比分有效，继续比赛时由该比分开始计算。

(4)规则未表述的其他不端行为。

二、羽毛球三大杯赛

（一）汤姆斯杯

英国羽毛球名将乔治·汤姆斯是汤姆斯杯的创始人，从1903—1928年近30年的时间里，汤姆斯先生曾先后多次在全英羽毛球比赛中获得男子单打、男子双打和混合双打比赛的三栖冠军。1934年国际羽联成立时，英国人汤姆斯被选为主席。1948年，世界羽毛球联合会成功地举办了第一届代表世界男子最高水平的"汤姆斯杯"男子团体锦标赛，从此，乔治·汤姆斯先生的名字伴随着世界羽毛球运动的不断发展，永远留在了世界各国羽毛球运动爱好者的心中。

中国羽毛球男队于1982年，首次参加了当年在英国伦敦举行的第12届汤姆斯杯，夺得了第12届汤姆斯杯，登上了世界冠军的宝座。历届汤姆斯杯成绩如下表2-1所示。

表2-1　历届汤姆斯杯冠军

届别	年份	举办城市	冠军
1	1949	苏格兰	马来西亚
2	1952	新加坡	马来西亚
3	1955	新加坡	马来西亚
4	1958	新加坡	印尼
5	1961	雅加达	印尼
6	1964	东京	印尼
7	1967	雅加达	马来西亚
8	1970	吉隆坡	印尼
9	1973	雅加达	印尼
10	1976	曼谷	印尼
11	1979	雅加达	印尼
12	1982	伦敦	中国

续表

届别	年份	举办城市	冠军
13	1984	吉隆坡	印尼
14	1986	雅加达	中国
15	1988	吉隆坡	中国
16	1990	东京	中国
17	1992	吉隆坡	马来西亚
18	1994	雅加达	印尼
19	1996	香港	印尼
20	1998	香港	印尼
21	2000	吉隆坡	印尼
22	2002	广州	印尼
23	2004	雅加达	中国
24	2006	东京	中国
25	2008	雅加达	中国
26	2010	吉隆坡	中国
27	2012	武汉	中国
28	2014	新德里	日本
29	2016	昆山	丹麦
30	2018	曼谷	中国
31	2021	奥胡斯	印度尼西亚
32	2022	曼谷	印度

（二）尤伯杯

尤伯全名为贝蒂·尤伯夫人，是英国20世纪30年代著名的女子羽毛球选手，从1930—1949年间，她曾多次夺得全英羽毛球锦标赛的女子单打、女子双打和混合双打比赛的冠军。她在1956年的国际羽联理事会上，正式向国际羽联捐赠由麦皮依和维伯制作的纪念杯，即现在的尤伯杯，自 1984 年开始。改为每两年举行一次，采用五场三胜制。

自 1984 年开始，中国女子羽毛球队首次参加尤伯杯赛，就获得了冠军，并在之后的 10 年间，连续 5 次夺冠，并于 1998 年到 2008 年的十年间，夺得六连冠。历届尤伯杯赛成绩见表 2-2。

表 2-2 历届尤伯杯冠军

届别	年份	地点	冠军
1	1957	兰开夏	美国
2	1960	费城	美国
3	1963	威尔明顿	美国
4	1966	惠灵顿	日本
5	1969	东京	日本
6	1972	东京	日本
7	1975	雅加达	印尼
8	1978	奥克兰	日本
9	1981	东京	日本
10	1984	吉隆坡	中国
11	1986	雅加达	中国
12	1988	吉隆坡	中国
13	1990	东京	中国
14	1992	吉隆坡	中国
15	1994	雅加达	印尼
16	1996	香港	印尼
17	1998	香港	中国
18	2000	吉隆坡	中国
19	2002	广州	中国
20	2004	雅加达	中国
21	2006	东京	中国
22	2008	雅加达	中国
23	2010	吉隆坡	韩国

续表

届别	年份	地点	冠军
24	2012	武汉	中国
25	2014	新德里	中国
26	2016	昆山	中国
27	2018	曼谷	日本
28	2021	奥古斯	中国
29	2022	曼谷	韩国

（三）苏迪曼杯

苏迪曼先生（1922—1986），是印度尼西亚一位将毕生的精力奉献给羽毛球运动的“赤子”。曾多次获得印度尼西亚各种羽毛球比赛的单打冠军。苏迪曼先生毕生致力于世界羽毛球运动。在他去世后，印度尼西亚人民为表达对这位“国球奠基人”的敬意，特向世界羽毛球联合会赠送了以苏迪曼先生命名的奖杯。苏迪曼杯赛每两年举行一次，逢双数年是汤、尤杯赛，单数年为苏迪曼杯赛。苏迪曼杯比赛采用五场三胜制，由男子单打、女子单打、男子双打、女子双打和混合双打 5 个项目组成。中国队在苏迪曼杯上的表现非常抢眼，曾于 2005—2015 年之间，六次夺得冠军奖杯。历届苏迪曼杯的比赛成绩如表 2-3 所示。

表 2-3　历届苏迪曼杯冠军

届别	年份	地点	冠军
1	1989	雅加达	印尼
2	1991	哥本哈根	韩国
3	1993	伯明翰	韩国
4	1995	洛桑	中国
5	1997	格拉斯哥	中国
6	1999	哥本哈根	中国
7	2001	塞维利亚	中国

续表

届别	年份	地点	冠军
8	2003	埃因霍温	韩国
9	2005	北京	中国
10	2007	格拉斯哥	中国
11	2009	广州	中国
12	2011	青岛	中国
13	2013	吉隆坡	中国
14	2015	东莞	中国
15	2017	黄金海岸	韩国
16	2019	南宁	中国
17	2021	芬兰万塔	中国

第三节　羽毛球运动与营养

一、人体所需营养素

运动员在参加羽毛球运动训练的过程中，一定要注意营养摄取的全面性，这样才能保证机体能够得到充足的能量，保证运动训练的顺利进行。

（一）水

俗话说，水是生命之源，水在人体的生命活动中扮演着十分重要的角色。在人体各种营养素中，水的含量是最多的，约占人体体重的2/3。水的缺乏会导致人体各种生理功能受限，不利于人体的健康发展。水对于人体的主要作用在于参与人体代谢过程、促进腺体分泌正常以及调节体温。

人体的水主要来自摄入的食物和饮料。对于一个正常的成年人来说，每天基本的水摄入量为2000～2500毫升。对于经常参加羽毛球训练的运动员而言，一定要注意水分的摄入，以保证机体参与正常的训练活动，否则就会影响运动训练的顺利进行，甚至危害生命健康。

（二）糖类

糖类可以分为不同的种类，即单糖、双糖和多糖。其中，单糖主要有葡萄糖和半乳糖，双糖有乳糖、蔗糖和麦芽糖，多糖则有淀粉、糖原和果胶。

具体而言，糖类的功能与作用可以从以下方面体现出来。

第一，糖类是一种重要的维持机体正常运转的能量供应物质。

第二，糖类易于被人体所吸收和利用，为人体提供重要的能量。

第三，糖类是构成人体细胞和神经的重要物质。

各种食物中都存在大量的分类，如米、面、水果、牛奶等，人们可以从这些日常饮食中来获取充足的糖分，以满足机体的需要。

（三）脂肪

脂肪主要由碳、氢和氧等元素构成，对于人体健康发展而言也具有重要的意义。一般来说，脂肪的功能和作用主要体现在以下几个方面。

第一，脂肪可以维持人体正常的体温。

第二，脂肪能为人体内脏器官提供良好的屏障。

第三，脂肪是构成人体细胞的重要成分。

脂肪这一营养素存在于我们平时所食用的肉类、蛋黄、花生等食物中，特殊情况除外，日常的饮食就能满足机体对脂肪的需求。

（四）蛋白质

蛋白质主要由氧、碳、氢和氮等元素构成，它有完全蛋白质、不完全蛋白质和半完全蛋白质之分。蛋白质的功能和作用主要体现在以下几个方面。

第一，蛋白质是构成人体细胞的重要物质。

第二，蛋白质能在一定程度上修复人体受损的细胞。

第三，蛋白质能为人体提供所必需的能量。

第四，蛋白质能产生抗体，帮助人体抵抗病菌的侵袭。

我们平时所食用的蛋、豆、肉等都含有大量的蛋白质，日常饮食就能满足人体对蛋白质的需求。

（五）矿物质

矿物质主要包括常量元素和微量元素两种。其中常量元素主要有钙、钠、磷、镁、氯、钾等，微量元素主要有铁、锌、碘、铜、硒等。虽然矿物质在人体中的含量并不高，但也是不可或缺的，缺少了任何一种微量元素，人体健康都会受到一定的影响。

总体而言，矿物质的功能与作用体现在以下方面。

第一，矿物质是构成人体组织的重要成分。

第二，矿物质能在一定程度上维持人体的酸碱平衡。

第三，矿物质是一种重要的辅助物质。

我们平时经常食用的各类食物中都含有大量的矿物质，如乳制品中含有大量的钙；动物内脏中含有大量的铁和锌。一般情况下，日常饮食就能满足机体对各种矿物质的需求。

（六）维生素

依据维生素的可溶性特质划分，可以将其分为水溶性维生素和脂溶性维生素两大类。水溶性维生素主要有维生素 C 族和维生素 B 族等，脂溶性维生素主要包括维生素 A、维生素 D、维生素 E 和维生素 K 等几类。具体而言，各类维生素的营养功能如下所述。

维生素 A：健齿、健骨、促消化等。

维生素 B_1：促进能量代谢及糖代谢、生成 ATP 等作用。

维生素 B_2：预防脚气病以及缓解口腔溃疡等作用。

维生素 C：抗氧化、缓解机体疲劳等作用。

维生素存在于我们日常所食用的各种蔬菜、水果中，食用大量的蔬菜和水果通常能获得足量的维生素，以满足机体所需。

二、羽毛球运动员的营养消耗特点

(1)首先三大能源物质的比例应符合羽毛球运动的供能特点。日常的膳食中三大营养物质的比例应该做到:糖 55%,脂肪 25%,蛋白质 20%。

(2)运动者参加羽毛球运动,其机体能量来源主要依靠磷酸原和糖酵解系统供能,因此糖类物质非常重要,应该保证优质、丰富、好吸收。蛋白质应选用优质蛋白,特别是优良的乳制品、动物蛋白占比约为 2/3 左右。它们对运动员的肌肉生长、组织修复以及参与能量代谢的有关酶的生成非常重要。

(3)新鲜蔬菜与水果必不可少。充沛的碱性物质可以缓冲运动后产生的酸性代谢产物,缓解疲劳,加快恢复。

(4)除了以上主要的营养物质以外,膳食中注意要含有丰富的 B 族维生素、维生素 C,以及钙、铁、钾、镁等富含矿物质的食物。

(5)对于经常参加羽毛球运动训练的人而言,每餐都要严格按照一定的营养配比和热量需求进餐,以确保各类营养物质的消化和吸收,保证运动训练或比赛的顺利进行。

三、不同环境下羽毛球运动训练的营养消耗

在不同环境下参加羽毛球运动训练有助于提升运动员应对复杂环境的能力,因此这一训练手段得到了广泛的利用。需要注意的是,羽毛球运动训练常常因为环境的变化而对营养消耗产生明显的影响。比如在高原、寒冷或炎热地带进行训练,运动员的机体代谢和功能反应会呈现不同的特点。因此,在特殊环境下的训练,除了遵循一般原则之外,还应该考虑由于特殊环境给羽毛球运动员的机体带来的影响,根据具体实际合理调整训练计划或方案。

(一)高原环境下羽毛球运动训练的营养消耗

高原环境属于低压、低氧的典型环境,这一环境下温度低,体感寒冷,会给人体的生理功能及运动能力带来一系列非常明显的变化。又由于气温低,增加了运动员身体散热的需求,这又增加了能耗。另外,高原环境最显著的特点是缺氧,在激烈运动状态的运动员一直处于应激状态,导致糖贮备减少,血糖水平下降,为了补充能量,蛋白质和脂肪的代谢同时加强了。这一系列的能量变化,意味着除了在正常情况下的基础代谢和训练热能消耗以外,以及考虑运动量和运动强度外,还要在原来的基础上额外增加7%～25%的能耗,反映在膳食上就是应采用低脂和高碳水物营养的组合。在这一环境下进行羽毛球训练,需要这方面的营养补充。

(二)炎热环境下羽毛球运动训练的营养消耗

在炎热环境下进行训练也是磨炼运动员意志,促进其竞技水平提升的重要手段。由于环境温度骤然升高,运动员热能代谢率随之增加,排汗量更是大幅增加,体内的微量元素如钾、钠等和维生素都不同程度地快速流失。同时,高温环境令运动员的食物中枢兴奋降低,唾液、胃液及胰液等消化液的分泌量也减少,也就是食欲降低,可能会影响运动员的进食和营养摄取。这时候运动员适宜食用一些清淡可口、容易消化的食物,否则就容易给机体带来一定的负担。

在炎热的天气条件下,人们的食欲会在一定程度上下降,如果运动员参加运动训练,仍然需要大量的能量供给,特别是糖类、蛋白质类、维生素和矿物质等营养素的补充非常重要。

在炎热环境下参加羽毛球运动训练,运动员的排汗量明显增大,一场训练下来,运动员的排汗量比常规环境下训练的排汗多出近1/3～1/2。伴随的现象是体重的明显减轻。因此运动员在参加羽毛球运动训练的过程中一定要及时补充水分,不要在感觉口渴时再补水,补水要少量多次地进行。

（三）寒冷环境下羽毛球运动训练的营养消耗

在寒冷环境下，人体散热加快，基础代谢率增加，热能消耗变大，身体对糖的消耗明显增加。运动员膳食中热源物质的量有所提高，可适当增加肉、蛋、奶类，以保持能量平衡。这就意味着运动员对维生素C、B族、维生素E等的消耗和需求也随之增加。有相关研究表明，对维生素C的需求增加30%～50%，对维生素B_2的需求增加了2～4毫克，维生素E为50毫克。这是为了满足机体参与运动时对能量的需求。

四、羽毛球运动员的营养补充

（一）糖的补充

在羽毛球运动训练或比赛的过程中要加强营养的补充，这是非常重要的。首先应该保障糖的补充。通过一定的营养策略增加肌糖原的储备是最直接的延缓运动性疲劳、维持竞技能力的有效手段。如果在训练过程中及时地补充糖，可以为机体提供额外的能量来源，增强运动技能、延迟疲劳感的出现，甚至还可以有效预防和改善情绪状态。但是注意要根据运动员的体重、活跃肌肉的体积、运动负荷来确定具体的摄入量，同时运动员的总体饮食目标和训练反馈也是重要的参考依据。一般而言，对于中等强度的训练，每天糖的摄入量在5～7克/千克；如果是高强度的训练，每天糖摄入量增加到6～10克/千克；如果进行的是超强度训练，例如每天都保持4至5个小时的高强度训练的话，那么每日的糖摄入量为8～12克/千克。

高水平羽毛球运动员要想时刻保持最佳训练状态，在饮食上要注意，可每天可通过摄入8～12克/千克糖来最大程度地提高内源性糖原储备。为了保持良好的运动状态，在训练中可以每10～15分钟就补充6%～8%的碳水化合物电解质溶液，同时加入咖啡因以提高运动表现。加入咖啡因主要是因为，它能通过调节中枢多巴胺信号通路来增加运动动机，也可增加交感神经活性，降低肌肉疼痛感，通过增强脂肪酸氧化、节约糖原等延缓运动疲劳。运动员在进行运动训练后,糖原已经被大量运动所耗竭,如需想快速恢复,就需要在训练后每小时摄入 1.2 克/千克的碳水化合物,确保机体所需。

(二)蛋白质的补充

羽毛球运动员参加长时间的运动训练后,会消耗大量的能量,尤其是会造成肌细胞损伤和蛋白质分解,对应的就需要在运动间歇及训练后及时修复和更新。这时需要适量地补充蛋白质修复损伤及增加肌肉蛋白合成,同时促进糖原恢复、减少肌肉酸痛。

需要注意的是,并不是蛋白质摄入越多越好,蛋白质的摄入要适宜,因为过多的蛋白易导致内环境酸化,加重肝脏与肾脏的负担,反而引起疲劳感。运动员应根据训练强度、运动量、年龄、总能量摄入确定具体的蛋白质补充剂量,但是注意应该保证补充的都是优质蛋白。蛋白质的吸收与合成利用,受时间因素的影响。一般来说,在运动后 3 小时内肌蛋白的合成达到峰值。那么在训练后,除了补充糖之外,蛋白质也应该及时补充。

(三)脂肪的补充

脂肪这一营养素在人体发展中也扮演着十分重要的角色。机体的有效供能可以节约运动中机体糖原的消耗,从而起到增强体能、延缓运动疲劳出现的作用。但是同时应该注意控制脂肪的摄入量,过多的脂肪又会增加代谢氧耗,增加体脂和体重,降低肌肉做功的能力,从而影响了运动能力。其中最显著的如 Ω-3 脂肪酸,它对改善心脏功能、耐力以及延缓肌肉酸痛等均有一定的效果。因此,高水平羽毛球运动员在参加运动训练的过程中一定要结合自身的具体实际合理地补充脂肪。

(四)电解质的补充

高强度的运动训练会消耗运动员机体大量的水分,因此一定要及时补充电解质。如果补水不及时,会造成肌肉痉挛、力量和耐力均减弱的现象。有研究发现,在体液损失程度从 1%到 4%的过程中,运动员的运动能力会大幅度下降。同时，若补水过多不仅会增加肠胃负担，而且大量的水分使血容量增加，增加心脏负担，从而降低运动能力。

综上所述，电解质的补充对于运动员体能的维持以及延缓疲劳十分重要，可以通过长期跟踪运动前后体重的对比，制定个性化的补水方案。在训练前和训练中饮用一定量的运动饮料，可以起到维持机体电解质平衡、加强运动员的运动表现的作用。一般在训练期间，建议每15～20分钟就饮用170～340毫升的运动饮料为宜，当然，每一名运动员的情况都是不同的，要因人而异，进行合理的补充。

（五）维生素的补充

维生素可以调节运动员机体生理生化过程、参与能量代谢。比如B族维生素可参与能量代谢和肌肉的修复和生长。因为运动员日常大量的运动训练，他们对B族的需求是非运动员的两倍。而维生素D可以提高机体快肌纤维的数量和直径，提高肌肉力量、平衡能力和反应时间。作为一名高水平羽毛球运动员要注意以上几种维生素的补充。

（六）钙、铁的补充

钙是参与肌肉收缩、神经调节的重要营养物质，对于运动员来说钙尤为重要，它可以保障运动员健康的骨密度和避免骨折的风险。运动员每日应该补充钙与维生素D来保护骨骼健康，以及保证神经肌肉的兴奋程度。

铁是人体必需的矿物质，是血红蛋白和肌红蛋白合成的必需元素。如果运动员铁的补充不及时，一方面体现在血红蛋白和肌红蛋白的合成减少，从而导致组织细胞摄氧量减少。另一方面还会导致线粒体呼吸链的成分活性降低，影响ATP的生成，从而影响运动员的速度、耐力和成绩。因此，在训练中和训练后，都应该保证一定量的铁的补充，这样可以有效降低乳酸浓度，促进体能的恢复。

（七）营养剂的补充

一般来说，营养剂主要包括肌酸、抗氧化剂、碱性物质等几种，这几种营养剂的补充被广泛应用于运动员的训练中。

1. 肌酸

补充肌酸的主要目的在于提高肌肉肌酸储备，从而加强糖代谢，进而对促进肌肉收缩后磷酸肌酸和ATP的再合成起到有效的帮助。适量地补充肌酸，可以提高羽毛球运动员在运动中短时、高强度动作的运动表现。需要注意的是，在使用肌酸时，尤其在湿热环境下进行运动训练时，要配合一定量的水的补充，这样才有理想的效果。

2. 碱性物质

羽毛球运动员进行长时间、大负荷的运动训练后，体内会累积大量的乳酸类代谢物质，这些乳酸类物质已经远远地超过血液和骨骼肌内的缓冲物质。因此机体内的稳态环境遭到破坏，糖酵解中磷酸果糖激酶活性受到抑制，使糖代谢供能效率降低，此时运动员感到疲劳，运动能力明显下降。而如果能在运动前摄入一定量的碳酸氢钠，则可以大大增强细胞外液的缓冲能力，保证机体运动的正常水平。

3. 抗氧化剂

羽毛球运动员参加训练和比赛，可以通过补充抗氧化剂，实现竞技能力的提升。抗氧化剂主要是指维生素C、维生素E和β-胡萝卜素，它们可以清除由高强度运动引起的过多的自由基，从而可以轻松维持机体氧化应激的平衡状态。一般常用的方法是食用葡萄籽提取物，它可以有效改善机体的氧化应激稳态失衡，还可以保护细胞免受氧化应激损伤，从而提高运动员的运动表现。另外，谷胱甘肽也是运动员经常补充的抗氧化补充剂，运动员可以结合自身具体实际合理补充。

五、羽毛球运动员营养补充的注意事项

作为一名高水平的羽毛球运动员，在平时的运动训练中除了按照训练计划进行按部就班的训练外，还要注意营养的摄入，这是保证运动训练顺利进行的重要因素之一。首先运动员要了解和掌握相应的营养知

识，构建自己的营养保障工程。相对于训练计划和训练理论，营养的问题更为复杂，运动员应该从早期就学习营养知识，培养自己的营养观念，通过对合理利用基础饮食与运动补充剂，才能提升训练效果。

营养的摄入要遵循一定的法则，运动员了解和熟悉这些法则，尽早掌握这些营养知识，会获得更好的训练效果。

（一）要注意营养补充的多样性

人体所需的营养物质种类繁多，保持营养的多样性摄入是第一原则。机体的运作需要多种物质的参与，即使是以减脂为目的，如果采取零脂肪、零碳水的饮食计划势必会对健康造成长久的伤害。因此，营养健康的首要原则就是要保证营养摄入的多样性，只有在营养供应充足的前提下，机体才能发挥出最大效能，对体能训练提供最佳的基础保障。

（二）针对性地补充营养

运动员在参加运动训练时，补充营养需要有针对性地建构营养比例，根据不同的专项特点、具体的体能训练内容和目标，将相关营养进行加强或减少摄入量，做到有针对性地构建营养工程。就像体能训练方法需要结合专项一样，营养摄入也需要结合专项进行，如果只具有含糊笼统的营养观念，对体能训练的效果必然有所影响，而且是不利的影响。

（三）坚持营养补充，不能半途而废

机体的营养构建不是一次两次就可以完成的，它有一个长期的积累过程，需要给机体一个充分吸收、转化、生长、适应、加强和稳定的生理过程，才能确保自身的健康水平和促进体能训练的效果实现。营养的摄入要有计划性和持续性，要长期坚持才能有明显的效果。随意性饮食方式不仅不能提高我们的训练水平，还会影响最基本的身体健康水平。

（四）营养摄入要分清主次

营养的补充是分主次的，首先应该清楚并确立基础饮食的核心地

位,尽管运动补充剂可以提供更高的质量和更高的效率,但无法替代基础饮食。其次,要逐渐养成一日多餐的习惯,在更多的餐次中,体现营养摄入的主次性和功能性。比如,为了避免脂肪的堆积,一般建议在正餐中优先摄入蛋白质、维生素等营养,将高热量、高碳水等容易导致脂肪堆积的食物分离出一部分,安排在加餐时食用,这样多次少量的进食可以很好地避免脂肪堆积,同时又不影响机体对热量的固定需要。

(五)要注重各种营养素的合理搭配

我们摄入食物是为了给机体提供营养物质,这些营养物质在体内经过复杂的协同作用为人体提供能量,人体得以完成生命活动。我们经常听到的宣传是某种食物可以增肌,或者某种食物可以减脂。但是,这是一种不够准确的说法,因为无论是增肌还是减脂,都需要综合其他食物一起考虑,单独凭某一种食物或者不合理的搭配都不可能带来理想的效果。因此,营养摄入要注意科学、合理地搭配。比如,蛋白质是肌肉合成的重要营养物质,但是只有蛋白质还不行,还需要维生素 C 以及其他的微量元素共同参与才可以。所以,提到营养摄入的时候要具有一定的搭配意识,这样才能取得理想的营养补充效果。

(六)饮食要规律,符合实际

不规律的饮食不仅会让身体的消化吸收能力降低,更会间接影响到每日的训练和睡眠,长久下去必然会对身体健康产生不良影响,更不要说对体能训练也将产生诸多消极的影响。

(七)营养补剂不是万能的

运动补充剂并不是万能的,这一点我们要客观对待。相关研究与实践表明,运动补充剂对人体有非常好的功效,但是作为某种营养的加强补充,运动补充剂是否适合长期使用还存在争议,目前也没有明确的科学定论。因此,我们应该对运动补充剂持客观理性的态度,补充要合理、要符合运动员自身的具体实际,切忌盲目。

(八)补充营养要与自身训练密切结合

运动员补充营养与普通人还是有一定区别的,那就是补充营养要与运动训练密切结合,这样才能达到事半功倍的效果。单纯靠训练,没有配合恰当的营养会令训练结果大打折扣。同样的,若试图单纯靠“吃”吃出肌肉、身材、力量和爆发力,也是不现实的。因此,作为一名高水平运动员,应该早日掌握运动与营养的相关知识,遵循人体的生物规律,在参加羽毛球运动训练的同时加强营养的补充,不能将二者割裂开来进行。

第四节　羽毛球运动与损伤

一、羽毛球运动损伤的预防

(一)预防运动损伤的意义

运动员参加运动训练难免会出现一定的运动损伤,这是不可避免的。因为任何运动都会存在一定的风险性,要想完全避免是不可能的。但需要注意的是,我们可以通过各种手段和措施预防运动损伤,将运动损伤发生的概率降到最低。如果不事先采取积极的预防措施,就容易导致运动损伤。由此可见,加强运动损伤的预防是十分重要的。

羽毛球运动中常见的运动损伤有很多,常见的有膝关节损伤、踝关节损伤、肘关节损伤等,这些损伤对于运动员的运动寿命都有一定的影响,因此,加强运动员的运动安全教育,让他们意识到预防运动损伤的重要性也是非常必要的。

(二)运动损伤预防的原则

1. 提升指导者意识原则

运动员参加羽毛球训练需要教练员的指导,如此才能保证运动训练的科学性和有效性。在运动训练中,运动员一定要注意提升自己预防运动损伤的意识,加强预防运动损伤的教育工作,让运动员充分意识到预防运动损伤的重要性。除此之外,还要加强运动员防护技能的培养,只有掌握了大量的运动防护技能才能在具体的实践中合理地应用。

2. 合理负荷原则

运动员参加羽毛球训练要注意安排合理的运动负荷,如果运动负荷不当就容易导致运动损伤。一个合理的运动负荷能极大地降低运动损伤发生的概率,确保运动员运动中的安全。但是,运动员要想更好地提升自身的运动技能水平,适当地增加运动负荷还是很有必要的,运动负荷的安排要符合运动员的具体实际。

3. 全面加强原则

全面加强主要是指促进运动员身体素质的发展。要想获得理想的运动水平,运动员就需要具备良好的身体素质,良好的身体素质是运动员提高运动技能、杜绝运动损伤的重要基础和保障。因此,要将体能训练贯穿于日常训练之中。

4. 严格医务监督原则

医务监督是预防运动损伤的重要手段。必要的医务监督有助于运动员及时发现身体不适等状况,实现早发现、早处理的目的。除此之外,还要定期或不定期地检查各种硬件设施,防患于未然。

5. 自我保护原则

羽毛球运动员在训练过程中难免会发生一定的意外，如脚下打滑、被球击中等情况，因此注意自我保护也是非常重要的。运动员在运动训练的过程中要严格遵循自我保护的基本原则，努力提升自我保护意识与防护能力，确保运动安全与人身安全。

（三）运动损伤预防的措施

通过采取一定的预防措施能有效降低运动损伤发生的概率，这是已被大量实践证明了的事实。具体而言，运动员在参加运动训练时可以采取以下预防损伤的措施和手段。

1. 加强力量素质的锻炼

力量素质是其他各项体能素质的基础，扮演着非常重要的角色。羽毛球运动员在参加训练和比赛时展现出强大的爆发力与协调力，这对于运动损伤的预防具有非常大的帮助。如身体对抗中的两名运动员，身体力量占优的一方发生损伤的概率要相对低一些。由此可见，在平时的训练中一定要高度重视力量素质的训练。

2. 加强体格检查

在平时的羽毛球运动训练中，教练员还要加强运动员的体格检查，这有助于教练员和运动员充分了解自己的身体发展状况，从而制定出科学合理的训练方案，这样才能有效预防和避免运动损伤。

3. 维护良好的运动环境

运动员参加羽毛球运动训练要在一个良好的场地环境下进行，这对于运动员预防运动损伤也具有重要的意义。因此，在平时的羽毛球训练中，还要密切关注体育场馆和设备的卫生及其他环境问题，加强运动器材的维护和整修，防患于未然。

二、羽毛球运动损伤的处理

(一)膝关节韧带损伤

1. 损伤原因

膝关节内、外侧副韧带损伤是最常见的膝关节韧带损伤。在羽毛球运动中,这一损伤非常常见。内侧副韧带的损伤机理与膝外翻有关,击球后转身时,因中枢脚及小腿固定,大腿随躯干突然内收内旋,在膝关节处形成了一个扭转力,或来自膝外侧的一个向内侧的冲撞力所致。外侧副韧带损伤的发生率远比内侧副韧带损伤低,其受伤机理与膝内翻有关。

2. 损伤处理

用氯乙烷局部麻醉降温,使用弹力绷带做 8 字形(内侧交叉)压迫包扎,然后用冰袋冷敷。经紧急处理后可酌情继续上场比赛。

韧带完全断裂者,症状明显加重,在紧急处理的基础上,用棉花夹板固定,然后立即送往医院做进一步处理。

(二)半月板损伤

1. 损伤原因

半月板在股骨髁和胫骨平台之间,是膝关节重要的静力性稳定装置之一。当膝关节突然做伸屈运动,同时又受到扭转力(如脚和小腿外旋外展、大腿内旋内收、膝内扣)的作用时,其半月板则处于不协调的运动之中,受到上下两骨的挤压、研磨以及捻转,从而造成内、外半月板的撕裂伤。

2. 应急处理

膝盖半月板损伤很难立即做出诊断，一般建议参考膝关节韧带损伤的应急处理方法来进行现场急救，方法为用氯乙烷麻醉伤处及周围，局部进行物理降温，用弹力绷带采用压迫包扎法将伤处包扎好，制动，伤肢抬高，再进行冷敷降温处理。

(三)踝关节韧带损伤

1. 损伤原因

羽毛球运动员膝部受伤的概率非常高，踝部受伤概率次于膝部。常见踝部损伤中，比较常见和突出的是踝关节外侧韧带损伤。篮球运动员跳起落地，身体失去平衡时容易摔倒，或不小心踩到他人，从而出现踝关节内旋、足跖屈内翻位，导致踝关节韧带损伤，被踩者如果被踩部位是踝关节，也容易出现这一损伤。主要症状表现为，踝关节外侧剧烈疼痛，明显肿胀，无法直立行走。

2. 应急处理

首先，对受伤部位进行降温、加压包扎，防止出血，缓解肿胀，预防后期外踝结缔组织过度增生，同时对后续康复治疗有积极作用。要注意足外侧是压迫包扎中 8 字形交叉点所在的位置，这能够对踝关节内翻起到积极的预防作用。

其次，使用钢丝托板固定患肢，使受伤的脚保持稍外翻、跖伸位，从而预防继续出血。

再次，将患肢抬高，调节血液循环，以防伤处严重肿胀。

最后，进行局部降温，如用冰袋冷敷患处。

(四)跟腱断裂

1. 损伤原因

间接外伤是造成羽毛球运动员跟腱断裂的常见原因。羽毛球运动员在激烈的训练或比赛中，从半蹲位准备姿势开始，突然蹬地向上跳起，跟腱承受牵张力作用非常突然，而且承受的作用力较大，因此容易造成跟腱断裂。

2. 应急处理

按 RICE 原则进行急救处理，基本步骤为：

R-rest：制动休息。

I-ice：冷敷。

C-compression：固定加压包扎。

E-elevation：患肢抬高，活血化瘀。

经过紧急处理后，立即送往医院进行治疗。需要注意的是，在固定加压包扎这一环节，建议使用托板将伤足固定，踝关节处于跖屈位，这样跟腱的牵张力就能减轻，防止再次撕裂。

（五）肘关节脱位

1. 损伤原因

羽毛球运动员倒地后前臂下意识地外旋、外展、向后支撑容易导致肘关节脱位，发生率最高的是后脱位。症状主要是患处疼痛，关节出现畸形，肘部无法正常活动。

2. 应急处理

按 RICE 原则进行急救处理，建议用托板固定受伤肢体，用三角巾将伤肢挂在胸前，继续局部冷敷。

（六）急性腰扭伤

1. 损伤原因

急性腰扭伤常因运动员在力量训练中提重物时腰部动作不正确，或比赛中腰部伸屈伴扭转动作不协调，加之腰背肌力不足而突然受伤。常见症状有局部肿胀，伴有压痛。

2. 应急处理

未确诊具体损伤部位和类型前，切忌盲目治疗，先让伤者平（俯）卧休息，局部冷敷，然后送医治疗。

第三章 高水平羽毛球运动员科学训练理论与方法的掌握

要研究高职校园体育文化的概念，首先应该知道什么是体育文化。体育文化是社会文化的亚文化，校园体育文化属于体育文化的子系统，属于校园文化的重要组成。因此，高职校园文化包含了体育文化、校园文化以及社会文化多种属性和特点。通过对体育文化的研究，我们可以对高职校园体育文化有了整体的认识和清晰的把握，这是开展高职校园体育文化研究的重要前提。

第一节 学习羽毛球运动训练相关学科理论

一、运动生理学相关理论

生理学这门学科主要研究生物体的基本功能及活动规律，研究内容包括细胞、组织、器官和人体的各种调控机制等等。运动生理学主要研究人类运动现象的生理属性，揭示运动对人体机能的影响，阐明运动训练、体育教学过程中的生理学原理，指导不同年龄、性别的人进行科学的训练，最终提高运动员的竞技水平，提高全民体质。运动生理学是生理学的一个重要分支，是体育科学中重要的基础理论学科。

（一）肌肉运动

1. 肌肉的结构

肌肉在体育运动中的作用不言而喻，人体参与任何一项体育运动都离不开对肌肉的调节。肌肉通过收缩与舒张两种形式实现肌肉的活动，在肌肉进行收缩、舒张的过程中，其张力和长度发生了明显的变化，与之相连的骨杠杆随之发生位移，帮助人体完成各种身体姿势，开展各种身体活动。

人体运动系统由各部位关节、200 多块骨骼、600 多块肌肉等构成。肌细胞（又称肌纤维）是组成人体肌肉的基本结构和功能单位，呈细长的圆柱状，肌细胞内部有细胞质和多个细胞核。包裹在肌细胞外部的一层薄膜叫作肌膜，肌膜内呈圆柱状的、上面带有横纹的物质叫作肌原纤维。肌原纤维由两种蛋白质微丝（又称肌丝）排列而成，粗肌丝由肌球蛋白构成，细肌丝则是由肌动蛋白、肌钙蛋白、原肌球蛋白构成。粗、细两种肌丝的相对滑动使得肌肉的舒张与收缩成为可能。

许多肌纤维排列在一起，形成肌束，在肌束的表面包裹着一层肌束膜，许多肌束聚集在一起，最终形成了一块肌肉。生理专家通过分析肌肉的化学组成成分发现，肌肉中 75％是水，25％是包括蛋白质、各种酶在内的固体物质，肌肉中富含大量的毛细血管网，为肌肉活动输送氧气和养料，并且肌肉中富含神经纤维，使得肌肉的活动情况受神经系统的控制。

2. 肌肉的种类

通常情况下，人体内部肌肉包括骨骼肌、平滑肌、心肌三种。其中，骨骼肌数量最多，体重占比最大，任何躯体运动都需要依靠骨骼肌的活动来实现。平滑肌、心肌则与内脏器官的活动（如胃肠道的运动等等）有关。

3. 肌肉的收缩形式

肌肉主要负责实现收缩活动，根据肌肉收缩的长度差异、张力变化，收缩形式可以分为以下几种不同的类型。

(1)向心收缩

此种收缩方式最为常见,起跳、屈肘、持拍等多种动作的实现都需要依靠肌肉的向心收缩。向心收缩指肌肉在进行收缩的过程中,产生了大于外加阻力的张力,从而造成了肌肉缩短,与之相连的骨杠杆做相向运动的一种收缩形式。在这种肌肉收缩形式下,肌肉起止点之间的距离缩短了。

(2)拉长收缩

当肌肉的收缩力小于外力时,肌肉被拉长,肌肉起止点之间的距离逐渐扩大,这种肌肉收缩的形式被称为拉长收缩。肌肉在进行拉长收缩时,收缩力的方向与肢体的移动方向相反,因此,起着制动、减速的作用。

(3)超等长收缩

超等长收缩指肌肉先进行拉长收缩,使肌肉被拉长,随后再进行向心收缩,使得向心收缩产生了更大的输出功率。在实际训练中,利用这种方法能够使肌肉得到有效的锻炼。例如,在跳深练习中,运动员先从高台上跳下深蹲,使包括臀部肌在内的肌肉预先被拉长,为随后的起跳创造条件。

(4)等长收缩

当肌肉的收缩力等于或小于外力时,肌肉在收缩,但是肌肉起止点之间的距离不变,这种肌肉收缩的形式被称为等长收缩。肌肉在此种收缩形式下,虽然没有做外功,但是依然消耗了能量。武术中的马步蹲、体操吊环中的十字悬垂等动作都属于肌肉等长收缩动作。

(二)物质代谢

1. 糖类代谢

(1)糖类的作用和在人体内的存在形式

糖是构成人体组织、细胞的重要组成成分,是人体的能量来源,在某些条件下,糖还可转化为脂肪和蛋白质。人体日常消耗的能量70%来自糖类。

糖原、葡萄糖是人体内最常见、最重要的糖类。糖通过食物进入人体被充分吸收后,一部分以血糖的形式存在,作为糖类的运输形式,另一部分则进入到肝脏、肌肉中，以肝糖原、肌糖原的形式存在，作为糖类的贮存形式。血糖、肝糖原、肌糖原在体液的调节下，维持着动态平衡。

(2)糖类在体内的代谢

糖类通常作为能量的供应者，在体内被分解消耗。其代谢途径主要有以下两种，糖酵解和有氧氧化。糖酵解不需要耗氧，糖在体内的组织细胞中分解为乳酸，并释放能量，供集体各项生理活动和运动所需。但是糖酵解所释放的能量较少，速度较快。一个分子的葡萄糖分解生成2分子乳酸，最终转化为2分子的ATP(三磷酸腺苷)。而有氧氧化是机体供能的主要形式，它释放的能量较多，基本上是糖酵解的19倍。葡萄糖在有氧条件下进行彻底分解，最终生成二氧化碳和水。

2. 脂肪代谢

人体内的脂类物质少数以游离的形式存在于血液之中，大部分以脂肪的形式存在于皮下、各组织、器官中，人体内部的脂肪约占体重的10%～20%。

食物或体内的糖是脂肪的重要来源，脂肪不仅是体内的能量供给者，还是组成细胞的重要成分。脂肪在体内发挥着重要的作用，例如，保护内脏器官不受外部伤害、防止体温散失等等。

脂肪在一定条件下能够氧化成为二氧化碳和水，并在此过程中释放出大量的能量。在长时间的运动锻炼中，脂肪氧化供能的比例会逐渐加大。

3. 蛋白质代谢

蛋白质作为重要的能源物质、生命活动的物质基础，不仅能够帮助有机体建造、修补再生组织，而且与有机体内部生理机能、代谢过程密切相关。与糖和脂肪不同，蛋白质不能在体内贮存，所以人们需要每天从食物中摄入蛋白质，以维持基本的生理需要。

通常情况下，蛋白质不作为人体的能量来源，为机体供能，但是在长期饥饿、疲劳的情况下，有机体能够通过蛋白质氧化为机体提供必要的能量。

蛋白质的代谢过程(分解与合成过程)对于维持人体生命活动十分重要。由于蛋白质中的主要成分是氨基酸，所以蛋白质的代谢过程以氨基酸代谢为基础。许多激素参与到蛋白质的代谢过程中,如肾上腺素、甲状腺素、生长激素等等。在蛋白质代谢过程中,生长激素含量的增加有助于蛋白质的合成,加快了蛋白质合成的速度,使肌肉变得健壮。

从事力量性、耐力性项目的运动员在日常的运动训练中需要特别重视蛋白质的补充。

(三)运动中的情绪

1. 情绪的概念

情绪作为一个常见的心理学名词,指人体一系列的主观认知经验,通常具有一定的外部表现,反映了个体愿望与个体需要。

2. 情绪的成分

美国著名心理学家伊扎德将情绪划分为情绪体验、生理唤醒、行为表现三个层面,三个层面共同构成了一个较为完整的情绪过程。

(1)情绪体验

情绪体验作为一种主观感受,是情绪的核心成分,通常可以利用"快乐""悲伤"等形容词进行描述。一个人的情绪体验处在不断的变化中,受周围环境的影响,在性质和强度上存在差异。

在性质方面,情绪包括简单的情绪体验(通常指一种单一的情绪,如快乐、痛苦等)和复杂的情绪体验(不同性质情绪的组合,如悲喜交加、苦中作乐等)。

在强度方面,性质不同的各种情绪在不同的时间范围内表现出不同的强度。例如,喜这一情绪,根据强度的不同,可以从适意、愉快到欢乐、狂喜;怒,可以从轻微不满到生气再到暴怒等等。随着情绪强度的逐步增加,个人也更加容易卷入到情绪之中,无法自拔。与此同时,当一件事物对人越发重要,情绪体验就越发强烈。事物的重要性排序体现了一个人对不同事物的需求。相比于饱食者,食物对处于饥饿中的人有着更为重要的意义,能够带来更加强烈的情绪体验。

(2)生理唤醒

生理唤醒指人在情绪状态中体验到的外周生理器官和组织的一系

列变化。其变化过程由自主神经系统(受中枢神经系统的支配)来调控。在情绪的刺激下,自主神经系统激活了有机体各器官、组织的活动,使有机体产生了一系列的生理反应。自主神经系统由交感和副交感神经系统构成,二者相互作用,共同调控着内脏器官(血管、心脏、胃等)、外部腺体和内分泌腺的活动。有机体在情绪状态下的生理反应可以通过各种生理记录仪加以记录与观察,成为衡量个体情绪的客观指标,常见的指标有心率、血糖等。

二、运动心理学的相关理论

运动心理学作为最近发展起来的一门交叉学科,着眼于人类运动的心理属性,是心理学在体育运动领域内的一个分支,主要研究运动员在运动过程中的心理变化、心理现象、心理规律,对体育运动、开展运动训练具有极强的应用价值。

(一)运动心理学概述

在心理学体系中,心理的内容主要包括心理过程、状态、个性心理特征等各种心理现象。其中,心理过程主要包括三个方面的内容:认知过程、情感过程、意志过程。心理状态指人体在某一时刻进行信息加工时表现出来的具体状态,这一点在运动训练中较为突出,许多运动员在训练和比赛中表现出完全不同的心理状态。个性心理特征则主要反映个体之间的心理差异,体现在兴趣、能力、气质等各个方面。

现阶段,根据运动情境的不同,运动心理学被划分为竞技运动心理学、学校体育心理学、锻炼心理学三个部分。

(二)认知与体育运动

1. 运动中的感觉与知觉

(1)感觉、知觉的概念

感觉指人脑对作用于感觉器官的客观事物个别属性的反映,例如客观事物的物理特性(形状、颜色、气味)、化学特性等等。

知觉需要多种感觉分析器的联合活动,指人脑对作用于感觉器官的客观事物的整体反映。

感觉和知觉在一定程度上都能够较为准确地反映客观事物,是人体一切心理现象的基础。但两者之间存在一定的差别。

①对客观事物发生反应的具体水平不同。感觉反映客观事物的个别属性,知觉则是对客观事物的整体感知。但两者密不可分,感觉不能脱离具体事物而独立存在,需要与整体事物建立联系。例如,不存在抽象的红色,个体能真切感受到红花的红、国旗的红。在日常生活中,人们常常同时利用感觉、知觉加深对客观事物的理解,将二者统称为感知。

②感觉是知觉的基础,知觉是感觉的进一步深化。知觉不是各种感觉的简单相加,知觉大于各种感觉之和,具有自身整体的意义。

(2)感觉、知觉的种类

感觉通常被分为外部感觉、内部感觉。

①外部感觉。接受丰富的外部刺激,反映外部事物的属性,包括视觉、嗅觉等等。

②内部感觉。接受内部刺激,反映身体内部内脏器官的状态或身体位置的运动,通常包括平衡觉、动觉、内脏感觉。

A. 平衡觉的感受器是内耳中的前庭器官,反映人体的姿势、头部运动的方向和速度。

B. 动觉又被称为运动感觉,通常指肌肉、关节的感觉,反映人体各部位的运动状况。

C. 内脏感觉又被称为机体觉,反映内脏器官的变化,通常包括饥饿、渴、恶心等感觉。

知觉通常被分为一般知觉、复杂知觉、错觉。

(1)一般知觉。某种感觉反应器起主导作用的知觉,通常包括视知觉、嗅知觉等。

(2)复杂知觉。根据知觉对象的不同分为运动知觉、空间知觉等。

(3)错觉。人在特定条件下产生的对客观事物的扭曲知觉,将实际事物扭曲为完全不同、不相符的事物。

2. 感觉与体育运动

感觉是每个人开展体育活动的心理基础。学生通过体育教师在课堂上对技术动作的讲解与示范，通过自身的不断练习，逐步掌握运动知识，习得运动技能。学生在进行动作练习时，需要依靠感觉器官提供的各种感觉信息不断深化对动作的认识，其中，相较于视觉与听觉，动觉的作用尤为突出，对提升运动成绩、掌握运动技能尤为重要。通常情况下，人体在刚开始进行运动练习时，对动觉的感受较为模糊，随着训练逐步推进，模糊的感觉会变得清晰，对运动技能的掌握也越来越熟练。

三、运动训练学理论

在运动训练实践的基础上，运动训练学理论得以形成与发展，运动训练学理论作为一门独立的理论学科，主要用于研究运动训练规律，包括训练过程中的一般规律、训练的目的、内容、措施、评价等各项内容，对运动训练具有普遍的指导意义。本节内容将重点关注运动训练学的创立与发展、运动训练学体系、运动训练学的理论基石、运动训练学的理论思想四大方面的内容。

（一）运动训练学理论的创立与发展

早在古代奥运会时期，运动训练就出现了，只有连续训练 10 个月以上并且在伊利斯接受 1 个月专门训练的运动员才有资格参加古代奥运会比赛。但是，由于缺乏文字记录，我们无法知悉这些古代运动员具体的运动训练内容，也不知道他们是如何开展训练的。

随着现代竞技体育的快速发展，运动训练学理论开始形成，得以创立与发展。现代奥运会诞生于 1896 年，距今已有 100 多年的历史，受到世界人民的欢迎与关注，比赛的规模、影响力不断扩大，已经成为一项重大的社会活动，其发展速度令人震惊。与此同时，运动训练科学理论也不断向前发展，形成了较为完善的运动训练学理论体系。

近代运动训练可以被划分为两个具体的阶段。

1. 靠经验与模仿进行学习的阶段

直到19世纪50年代之前，运动训练一直缺乏科学的理论依据，主要依靠运动员的个人经验或模仿优秀运动员的技术动作开展日常的学习与训练活动。在这一阶段，大多数运动员采取延长训练时间的方式获取技术的进步、成绩的提升，常常集中地参与高强度的比赛与训练，缺乏科学性与合理性。特别是在对技术、体能要求较高的田径项目、水上运动项目上，教练员与运动员并不了解从事项目的具体特点，开展较为盲目的训练，训练量与训练内容、手段、方法都不够系统、科学。

在这一阶段，随着科技的进步、社会生产力的提高，美国(包括英国)对科学运动训练进行了初步探索，真正意义上的运动训练开始出现。在一些运动项目中，训练指导者开始注重合理安排运动时间，经过实践的检验，初步认为一天内安排两次训练会有较好的训练效果。一些运动领域的教练、专家、学者开始分析运动员自身的各项能力，根据运动员的个人特点、不同运动项目的具体特点组织更加系统的训练活动。例如，在棒球训练过程中重视运动员的击球力量、球的旋转角度，在一定程度上提升了运动员的运动成绩。

2. 科学训练的过渡阶段

19世纪下半叶到第一次世界大战前夕，近代运动训练逐渐迈入了科学训练过渡阶段。在这一阶段，各个科学领域取得了极大的进步与发展，收获了显著的成果。医学、遗传学、生理学等领域的一系列发现极大地促进了运动训练的发展。1884年肌肉测量器问世，19世纪90年代在心脏机能和血液循环方向上有了全新的发现，20世纪初血况测验、心血管效能测定等一系列方法问世，医学界、生理学界在短短一个世纪取得了辉煌的成果，并开始进入运动训练研究领域，影响着运动训练的发展。与此同时，心理学家也对运动训练中运动员的心理状态、心理变化产生了浓厚的兴趣，提醒教练员在开始安排训练计划时，充分考虑运动员的心理特点。另外，高尔登遗传研究中关于人的特性可以测定的结论、巴甫洛夫的条件反射学说、比内和西蒙关于联想与记忆的理论、技巧运动测定法则等问世，都为研究运动训练过程打下了理论基础。

随着人们对竞技体育的关注度越来越高，运动训练的科学组织工作刻不容缓。不同运动训练项目的实践发展促进了专项训练理论的产生与发展，其中，田径运动作为竞技体育的大项目，需要运动员进行跑、跳、投等多项训练，专项训练理论在田径项目中得到了充分的肯定与广泛的运用，并逐渐推广到其他运动项目中，各专项训练充分吸收运动生理学、运动解剖学、体育教育学、运动心理学等学科理论知识的指导，逐渐建立起较为系统的一般训练理论。

据统计，最早出现的运动训练学专著是 1913 年在美国出版的《体育训练》，苏联学者在 1922 年编写的《科学训练原理》一书也是早期比较引人注目的研究成果。

1962 年在莫斯科举办了一场“社会主义国家运动训练问题国际科学方法讨论会”，会上讨论了大量与运动训练有关的研究内容，在现代运动训练体系、运动训练远景规划、运动训练的分期问题、运动训练方法的研究等诸多方面均取得了一定的研究成果，初步构建起运动训练学理论的框架。在会上，还强调了运动训练学与其他学科（包括生理学、生物化学、心理训练等）之间的联系，为运动训练学理论的建立奠定了坚实的基础。

前民主德国莱比锡大学在 1964 年采用的《训练学》函授教材，标志着系统训练学理论的形成。随后，西德、中国等各个国家陆续出版了许多与训练理论有关的著作，对著作的内在逻辑，科学性、系统性的要求逐步提升。

我国在 1983 年开始建立运动训练学理论体系。最近几年，运动训练学理论研究受到我国竞技水平快速提升的影响，取得了重大的突破。与运动训练基本理论相关的研究性专著越来越多，研究成果不断更新并开始体现出中国特色。现阶段，我国重点关注运动员选材理论的研究、项群训练理论的发展、博弈理论与制胜规律等相关内容。

（二）运动训练学理论体系

运动训练实践活动的快速发展促进了运动训练理论体系的构建，并引入与借鉴了多种学科知识，形成了较为完善的运动训练学理论体系（图 3-1）。

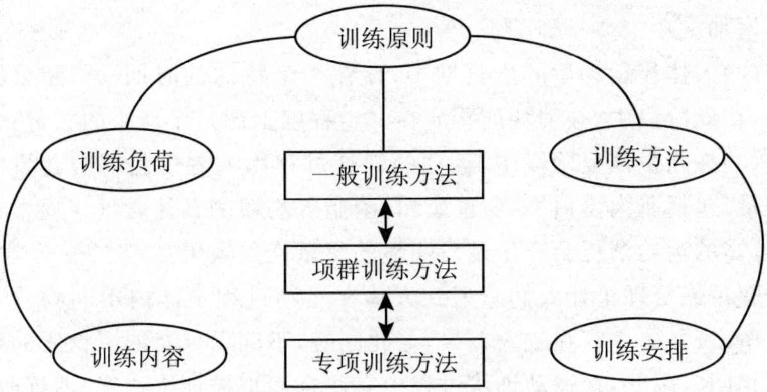

图 3-1　运动训练学理论体系

可以从横向、纵向两个维 1～3 度深刻理解与剖析运动训练学理论体系架构。

(1)在横向维度上，运动训练学理论体系包括五个方面的内容，即训练内容、训练负荷、训练原则、训练方法、训练安排等。

(2)在纵向维度上，运动训练学理论体系被划分为三个基本层次，即一般训练学层次(对所有运动项目普遍适用的理论)、项群训练学层次(对部分运动项目适用的理论)、专项训练学层次(适用于一个运动专项的理论)。在运动训练学理论体系的这三个层次中，项群训练学尤为重要，地位尤为突出。

运动成绩不仅与运动训练有关，还受到多种因素的影响，例如，心理因素、环境因素等。运动训练学理论也引入了多种学科的知识，例如，人体运动科学知识、认为社会科学知识等，使自己的理论更加完善，充分体现出运动训练学的综合性、应用性特征。

(三)运动训练学的理论基石

1. 超量恢复理论

超量恢复理论关注于运动过程中以及运动后人体能量物质的消耗与恢复过程，此理论得出了以下重要的研究成果。

(1)在中等强度的刺激下,运动刺激强度的增大会导致肌糖原消耗量的增加。

(2)人体在运动后的恢复期中,存在一个特殊的时期——超量恢复阶段,在此阶段中,被消耗的物质在一定程度上超过了原来的数量。

(3)在超量恢复阶段中,运动的消耗过程影响着恢复期内超量恢复的数量,包括肌肉蛋白质、肌红蛋白、磷脂等物质的具体含量。通常情况下,越多的运动消耗会产生越发明显的超量恢复效果。

超量恢复理论让人们意识到人体在运动过程中体内不同物质的消耗速率、恢复速率存在较大差异,与此同时,不同项目对能源物质的要求也不相同。因此,在运动训练过程中需要合理把控训练强度、训练时间,选择休息时间。超量恢复理论成为教练员、运动员选择科学的训练间歇时间的重要依据。

超量恢复理论认为:在运动训练后恢复期的某段时间(即超量恢复阶段),人体物质能量的储备会超过运动前的储备,因此,在此阶段开展新一轮的训练,会收获更加明显的效果,快速提升机体的工作能力,使人体的机能水平不断提高。若两次训练间隔的时间太长或太短,都难以使训练达到最佳效果。

2. 适应理论

20世纪50年代,加拿大内分泌学家、心理学家塞尔耶首次提出了“应激”“适应”等概念。“应激”指由压力或刺激引起的不适感,这种不适感可以是身体上的,也可以是精神上的;“适应”指生物的形态或生理功能对所处的环境相适合的情况。有机体对环境中的各种刺激(例如,感染、中毒、疲劳、失血等各种因素)会发生不同的反应,其反应有特异性,也有一定的共性。塞尔耶将这种具有一定共性的非特异性反应称为“应激”或“压力”,将引发应激反应的刺激源称之为“应激源”。

随后,在20世纪70年代,塞尔耶又创造性地提出了“局部适应”的概念,有机体的一些器官或功能能够在一定的条件下发生局部适应。局部适应理论的提出使得优先发展某器官的机能成为可能。

1980年,首次将适应理论运用于体育训练之中,将应激反应看作适应形成的必要条件,从而改善特定系统的适应能力。在运动训练这一领域中,适应理论将训练负荷看作是“应激源”,强调只有有效的刺激(训练负荷)，才能产生应有的训练效果，有机体的能力会在负荷刺激的影响下产生波动。在中枢神经系统的调节下，有机体面对负荷刺激会表现出一个适应的过程，不断协调有机体的不同器官和系统，培养出一定的协作机能，产生良好的训练效果。但如果外界刺激超过有机体神经系统所能承受的范围，则会对有机体带来较为严重的负面影响。

应激与适应都是一种生命机能变化的常见现象，在竞技运动中，适应通常指有机体对运动训练的适应，教练员必须合理选择与设计运动训练负荷，促进有机体的发展。有机体在接受训练负荷产生运动疲劳后，维持训练负荷，在训练水平不断提升的过程中有机体的能力得到提升，从而达到新的平衡状态。

第二节　掌握羽毛球运动训练的科学原理

一、系统控制原理

系统控制理念是指在运动训练中要具有系统观，从全局和微观入手，在整体把握全局的同时，协调系统中各个要素的关系，让全队的每个运动员的个人特长都得到最大的发挥，并且在他们之间的交互中产生更强的实力，运动队作为一个整体，通过系统的控制作用使整体获得了比原来个人能力相叠加更强的实力。因此，运动训练中要擅长对系统控制理论进行有效运动，以系统控制基本理论为依据，在训练实践中循序渐进地、有序地纳入训练方法与内容，让训练系统的控制作用全面发挥，从而提高运动员的技战术能力、集体协作能力以及竞赛能力，在训练和比赛中获得更好的表现，得到更出色的成绩。需要指出的是，当运动员的技能不断地发展和提高，随之而来的是其对抗性与竞争性也越来越强，所以高水平运动员或运动队的对决是非常精彩的，比赛结果往往难以预估。集体性项目的竞争力是以运动员的个人水平为基础，以团队的整体作战能力为决胜的关键因素。

二、教育性训练原理

现代先进的教育理念重视运动员的综合素质发展与提高。具体是指运动训练不仅要重视运动员对相关训练技能的掌握，同时也要发展和培养运动员文化素质水平，技能训练与教育协调发展、相互促进。教育性训练理念是更加深入、全面地对运动训练理念进行阐述，它又分为以下两个方面。

（一）重视运动员的文化素养

优秀的运动员意味着具有超强的综合能力，在各方面都具有较高的水平。而运动员的文化水平在很大程度上决定着其综合素质水平，具体到运动技能方面，只有具备了较高的文化水平才能有效地学习和理解运动技能、理论，因此，对运动的文化教育不容忽视。同时，教练员的综合文化水平也是影响运动员发展的重要因素，如果教练员文化素质较低，那么对训练只能做到较低水平的提高，而这必将影响着运动员的竞技运动能力的发展。以往，由于对运动员文化素质的培养重视程度不够，使训练中存在许多不科学的现象，使得运动训练很难达到预期的目标，从而影响了运动队的整体水平表现。

（二）重视运动员智力训练

运动员运动技能的发展在很大程度上与其自身的智力水平息息相关。如果运动员的文化素质教育水平不够，智力发展没有得到很好的训练，那么也会制约着运动技能的提高和发展。现代体育运动的较量，往往就是运动员或者运动队整体的体能、技能、战术水平以及心智能力等几大因素的较量。在某些条件下，心智能力要较体能、技能更加重要，一般而言，具有较高运动智能的运动员，其运动技能也能够有大幅度的提高，这与其能够更加准确地认识运动训练理论和方法密不可分。

三、实践性训练原理

运动员的特殊性在于其具有双重性，他们一方面是技术的主体，而同时又是技术的客体。因此实践性训练理念的理论基础是多方面的，为了能够更加全面、深入地了解技术性训练理念，将其理论基础分为两个方面。这两个方面同时也是对运动员的基本要求，具体内容如下。

（一）求真是训练的基础要素

所谓求真就是在运动训练的过程中，以运动的本质特点和规律为主要依据，对训练力争做到结合实际，符合事物的客观规律。具体来说，运动员的技术应用应符合运动规律和项目的本质特征及规律。

（二）实战是训练的最终目的

训练要从实际出发，它包括客观环境、运动条件都要以实战为依据，实战是运动训练的最终目的。现代运动训练要求一切都要从实际出发，符合实战的要求为准则，除此以外的脱离实际的都要调整或者摒弃。从实际出发和结合实战是训练最有效的方法。运动员在日常训练中，心里要时刻有个声音提醒自己，这个训练的目的是要达成什么效果，实现什么技术，从而在比赛中能获得怎样的优势等。也就是说，训练要有明确的实战目的相指导，通过不断的练习和完善达到在比赛中熟练的表现。要取得理想的比赛成绩，一定要积极进行训练，并且训练尽可能与比赛要求相一致，以完成甚至超越比赛的负荷为训练，才能在比赛中自如应对、充分发挥。

四、人文操作性训练原理

人文操作性理念强调的是运动员的尊严与独立性，以及关注运动员的思想与道德发展，关注运动员的生存状况与前途命运。人文操作性训练理念的理论基础是多方面的。主要可以分为以下两个方面：

(1)人的行为是受到人的感知或信念体系的指导。从人文主义、感知经验主义的角度上来说，人的行为主要是来自感知或信念体系的指导。

(2)运动训练必须符合客观规律是现代运动训练的基本要求。违背客观发展规律的任何行为和方法都是经不住时间的考验的。若想取得理想的训练效果，在进行运动训练时务必要符合科学规律，否则很可能欲速而不达。违背科学规律的训练只会带来技能的后退和更多运动损伤的可能。因此，在训练中要坚持执行科学与人文的有机结合与统一，是身心健康的全面发展。

第三节　遵循羽毛球运动训练的基本原则

一、竞技需要原则

(一)竞技需要原则的含义

竞技需要原则是指从实战出发，以比赛需要为训练标准对运动员的竞技能力及运动成绩进行训练和提高，通过科学安排训练计划、训练内容、以及方法、手段、负荷等因素，高效地完成训练目标。这一原则大大地提高了训练效率，明确了训练目标，提高了训练的针对性和实战性，是现代竞技运动训练的主要指导原则。

(二)竞技需要原则的依据

1. 训练目标的竞技需要

目标是行为的方向，也是行为的终点。人们的一切行为都服务于某个目标的实现，如果没有目标，行动是散乱的、无序的，最终也是徒劳的。而运动训练的目标不同，那么训练方法、训练强度和训练标准也各不相同，比如，训练目标可能是增强体质，或者康复训练，或者是参加比赛，那么针对这三种不同的目的，训练的方法也大相径庭。而运动员的训练目的自然是参加比赛并获得优异的成绩，实现预期的比赛结果。因此，运动员的训练内容、方法和手段的选择，都是围绕着比赛的需要而组织实施的。

2. 专项竞技的特异性

不同的运动项目对运动员的竞技能力有不同的要求。而构成运动员竞技能力的因素有很多，包括体能、技能、战术能力、心理能力等，在不同的运动项目结构中，这些因素的构成比例和产生的作用又各不相同。因此，在进行专项竞技项目的训练时，首先要全面、深入地认识本项目的竞技能力要求和特点，了解自身所具备的能力水平哪些方面有优势，哪些方面需要尽快提高，只有这样，才能做到准确地选择与专项竞技需要相符合的训练，从而对训练内容、训练手段及训练负荷有非常明确科学的认识，可以提高训练的有效性和针对性，争取在最短的时间内达到所要达到的能力水平。假如忽略专项竞技的需要，盲目地进行全面训练，往往会事倍功半，花费巨大的精力却效果甚微，会打击运动员的自信心和积极性。

3. 现代训练的专项化发展趋向

现代竞技运动朝着越发激烈和充满对抗性发展，这一方面提高了竞技体育发展水平，同时也令现代的竞技赛事更加精彩。但对于运动员来讲，则意味着加强专项训练和提高专项能力。现代竞技体育有一个很明显的趋势是，运动训练的内容、方法、手段及负荷都体现出鲜明的专项化趋向。即便是少年儿童的早期基础训练，也有明确的以未来专项竞技的需要为导向，早早地为高水平竞技训练和参赛做准备。

二、动机激励原则

(一)动机激励原则的含义

动机激励原则是指通过有效激发运动员的主动性,提高其自觉进行艰苦训练的动机和行为的训练原则。这一原则通过各种方式和途径,试图启发运动员的训练积极性和主动性,提高其内驱力,从而能够独立、自主、创造性地进行刻苦训练,并能够在训练过程中进行自我调控、自我疏导,做积极归因,从而能完成长期的、艰苦的训练,并表现得非常高效和充满动力。

(二)动机激励原则的依据

1. 成功动机是重要的原动力

渴望成功是绝大多数人的内在愿望,希望实现自我价值,获得社会的认可,完成自我实现对于运动员而言,渴望奖牌与成功是不断推动其进行训练的强大动力。美好的愿望和成功的愿景激励和鼓舞着运动员日复一日地进行艰苦训练,并能不断克服各种挫败、伤病带来的困扰和障碍。运动员之所以能自觉克服重重困难,就是因为具有强烈的成功动机。和普通的社会工作相比,职业运动员需要付出巨大的努力,而结果又充满不确定性。在这种情况下,只有强烈的成功动机才能激励着运动员自觉地献身于训练与比赛之中。

2. 通过持续激励保持斗志

运动员多年坚持系统的刻苦训练往往承受着巨大的心理负荷与生理负荷。其中包括不断困扰运动员的伤病、竞技水平发展的瓶颈期、人际关系的竞争压力、未来的不确定感等,都对运动员的心理和生理产生极大的挑战,会使运动员感到挫败与退缩,甚至失去信心直至放弃。因此,在训练过程中需要不断地激励运动员保持良好的动机,及时肯定自己的努力成果，对自己、对未来保持信心。对于运动员来说，感受到阶段性成就是莫大的鼓舞，是继续前行的巨大动力。因此，教练需要持续地激励运动员，给他们正向引导和积极反馈，帮助运动员保持斗志和雄心，只有这样才能够将年复一年的艰苦又单调的训练高质量地完成，并一步步走向竞技生涯的高峰。

三、有效控制原则

（一）有效控制原则的含义

有效控制原则是指对运动训练活动实施有效控制的训练原则。训练中应对每个阶段和每个训练的实施都有准确的把握和控制，对训练目标、实施、效果和评价都有清楚的认识和理解，并且对下一个阶段的训练内容、量度及实施给予及时和必要的调节，使整个训练活动处于有效控制之中，保障运动训练活动以预先设计的方式健康运行，保证训练目标的实现。

（二）有效控制原则的依据

1. 尽量地控制影响训练的因素

运动训练这一社会化的活动由多种因素构成，多种因素又都处于不断变化之中。那么无论对于教练员还是运动员，都会产生直接或者间接的影响，而这又直接反映在训练效果或者比赛成绩的变化上。每一时刻运动员竞技能力的即时表现都是此前训练的结果，又是下一步训练的出发点。并且，每一个当下状态又受着训练因素、运动员的情绪和社会交往等心理因素的影响，以及训练条件、场地、气候等环境因素的影响。另外还有不可抗的偶发因素，如意外伤病，也都会对运动员竞技能力的状态产生不同程度的影响。所有这些复杂因素的变化，都必然导致运动员竞技能力发生变化。因此，只有对不断变化的训练过程实施有效的控制，才能使实现预定的训练目标成为可能。

2. 现代控制论的理论基础

“控制”即是对系统有目的、有方向的调节、指挥和掌握。要想取得工作的成功，必须对行为、行为对象及其变化施以有效的控制，才能保证朝着预定的方向运行，才有可能实现预期的目标。其中最重要的理论依据就是控制论。科学家们提供的研究方法使体育科学工作者和教练员们掌握了更为有效的工具，从而实现对训练过程、训练对象及竞技能力发展等不同系统实施程度不同的控制。大量的训练实践证明，这种控制对提高运动训练的实效产生了重要的作用。

四、系统训练原则

（一）系统训练原则的含义

系统训练原则是指持续地、循序渐进地组织运动训练过程的训练原则。这一原则的确立与运动训练过程的连续性和阶段性的基本特性密切相关。它一方面指出长时间、持续地进行训练是运动获得发展和提高运动技能的唯一途径，同时也强调，这一训练过程必须循序渐进地、而非突变式地增加训练负荷，才能取得理想的训练效果。

（二）系统训练原则的依据

1. 人体生物适应的长期性

人体的生物是一个非常复杂、精确、神秘又高效的系统，体育运动训练需要遵循人体的系统特征而进行。另一个方面，系统的、持续的变化和提高也是事物发展的一般规律，运动训练要想取得理想的效果需要符合客观规律的要求来进行。人体对训练负荷的生物适应是通过有机体大到各个系统、各个器官，小到每一条肌肉乃至每个细胞的逐步适应和变化，从而一点点地实现提高。运动员的竞技能力的提高涉及多种能力的、多种因素的共同促成，而这些改变也是通过系统的方式进行的。人体这些机能的适应性改造都需要一定的时间才能完成，并不是短期的突发行为就可以奏效的。而提高运动员竞技能力的训练，必须通过人体内部的适应性改造才能实现。适合人体生物适应规律的训练，能够使运动员在生物学方面发生有益的变化，因此有些运动员的培养需要几年甚至十几年的时间，它需要较长的时间才能完成，而不是一朝一夕所能实现的。因此，从人体生物适应的角度来看，运动员应持续地承受负荷，进行系统的训练。

2．训练效应在持续中加强

无论是运动员的体能还是技能、战术能力还是运动智能、以及运动员的心理能力的变化，都具有不稳定的特点，其效应都是在持续训练中逐步地得到加强的。因此，如果训练的系统性和连续性遭到破坏，那么前期经过训练已经获得的训练效应，会因为间断或者停顿而消退甚至完全丧失。这是因为，在训练中获得的技能的提高，对应的是运动员神经系统的相关中枢神经建立起暂时性的联系，但这种神经联系还不够牢固，甚至非常脆弱，因此，需要继续地、经常地、反复强化，暂时联系才能变为稳固联系，那么体现在技能上就是能够稳定地发挥水平，而不会轻易消退。这一点对于运动员而言非常重要，必须在训练效应产生并保持一定时间的基础上重复给予负荷，让训练效应得到强化和累积，实现运动技能的稳定发挥。总而言之，要想获得理想的训练效应、稳定的竞技能力，必须要保持训练过程的连续性、系统性和不间断性。

3．人体生物适应的阶段性

根据人体科学和人体医学及生物学的相关理论，人体的生物适应过程是分阶段进行的。比如，机体对一次训练负荷的反应，分为工作、疲劳、恢复、超量恢复和训练效应消失等几个阶段。运动员的训练需要遵循和利用这些阶段特征而进行，可以获得更好的效果。在更长的时间跨度里也可能是几个月甚至一年的时间，运动员机体能力表现为竞技状态的形成、保持和消失三个阶段。

五、周期安排原则

(一)周期安排原则的含义

周期安排原则是指周期性地组织运动训练的原则。运动员的机体具有一定的生物节奏,用比较通俗的话理解就是有时状态好或者状态不好,它具有一定的生物节奏。而运动员竞技状态的形成与发展都同样具有周期性和节奏规律。在训练的过程中,要遵循这样的原则而进行组织安排,如果忽视机体状态的规律性,并不能带来训练效果的提高,相反还会影响正常的训练进程。因此应该按一定的动态节奏安排训练内容和负荷量度。

(二)周期安排原则的依据

1. 周期性是事物发展的普遍规律

事物的发展规律遵循着循序渐进、周而复始的特点,呈周期性地进行。这种周期性的运动在不停歇地发展变化中,每个往复、每个循环都不会完全相同。每一个新的运动周期都有新的发展和变化,产生新的突破或者进展,它近似一种螺旋式的上升。运动训练的周期性就是遵循事物发展的这一规律而进行,它是由事物的发展普遍规律决定的。

2. 周期性是人体能力变化的特征

人体竞技能力的提高也具有周期性的特点。持续地训练是为了获得稳定的运动技能,但是技能的增长也是以周期性的形式发生的。比如在一次负荷下,机体开始工作、产生疲劳,负荷解除,超量恢复,再次给予负荷,然后开始工作、疲劳……就是在这样的周期循环中,运动员的能力得到稳定提高。如果增加新的负荷,那么则开始一个新的负荷周期。在这样的过程中,机体能力不断提高,运动竞技状态不断地得到发展,直至进入运动员的巅峰期。但是人体不可能始终保持高峰状态,在经过高度竞技状态之后，需要休息和恢复，以消除生理和心理的疲劳。通过积极恢复，心理疲劳和生理疲劳都消除之后，再进行竞技能力发展，促进竞技状态的再次形成，开始新的训练周期。

六、适宜负荷原则

（一）适宜负荷原则的含义

适宜负荷原则是指训练要在尊重运动员的现有能力和人体机能情况下安排训练，以及提高运动员竞技能力的目标任务和给予负荷都应该以适宜为原则。适宜意味着训练目标不能脱离实际，训练负荷不能过大或者过小，负荷过小无法引起机体必要的应激反应，弱过度负荷又会出现劣变反应。

（二）适宜负荷原则的依据

1. 机体的生物适应现象

机体的应激以及适应变化，会保持在一个适度的范围内。在这一范围内，负荷的量度越大，对机体的刺激越深，所引起的应激越强烈，机体相应变化也就越明显，自然竞技能力的提高也越加明显。

2. 过度负荷带来劣变现象

运动负荷的量度并非越大越好，因为机体的生物适应现象只发生在适宜负荷的条件下，如果负荷超过了机体的范围，机体便会产生劣变现象。过度负荷有时表现在生理方面，有时也表现在心理方面。过度负荷的直接结果，就是使机体出现不适应的症候。包括慢性体重下降、非受伤引起的关节及肌肉疼痛、慢性肠功能紊乱、扁桃体及腹股沟淋巴结肿大、鼻塞和发冷、出现皮疹和肤色改变、肌肉紧张、疲惫不堪、失眠不安等。这时候应该让运动员充分地休息，采取一些措施做积极恢复，否则很可能会对运动员的机体造成严重破坏，比如健康状况和体能的明显下降，使运动创伤增加，甚至造成灾难性的后果，而过早地结束了运动生涯。因此，在训练实践中要注意采用适宜负荷，避免运动员机体的劣变现象发生。

七、区别对待原则

（一）区别对待原则的含义

区别对待原则是指训练过程中对不同的运动员、不同专项或不同的训练状态、不同训练任务，都应该有区别的对待，在制定训练目标、选择训练内容、安排训练负荷的时候都应该有所区别。每个运动员的生理状况、身体形态、发育特点、技术现状、战术能力以及素质、智力水平都各不相同，要想使训练工作取得理想的效果，就必须认真处理好运动训练过程中，组织的集群性与个体性之间的关系，考虑到运动员的个人特点，即使是同一名运动员在不同的训练阶段也应该采取区别对待原则。

（二）区别对待原则的依据

1. 运动专项竞技需要的多样性

不同专项运动员的竞技能力受不同因素的影响。比如，短跑运动员的竞技能力的主导因素是速度素质，中长跑运动员的主导因素则是耐力；跳水运动员的技术水平起着决定性的作用。因此不同项目的专项训练其目的和内容均不相同，应实施区别对待。

2. 运动员个人特点的多样性

每一位运动员也是独立的个体，他们具有独特的个性。运动员的个人特点包括性别、生物年龄、训练年龄、竞技水平、生理和心理特点、身体状况、情绪等，这些方面都对训练的安排有不同的要求。

八、直观教练原则

(一)直观教练原则的含义

直观教练原则是指运用多种直观手段,通过运动员的视觉器官激发形象思维并建立正确的动作印象,从而培养运动员的观察能力和思维能力,进而提高运动员竞技水平的训练原则。

(二)直观教练原则的依据

1. 认识过程的普遍规律

人的认识的形成都要经历从直观到抽象、从感性到理性的过程。运动员在学习和掌握新动作时也遵循同样的规律,直观性原则符合人体学习新技能的普遍规律,应该重视其在运动员的训练过程中将发挥的重要作用。

2. 动作技能形成原理

在动作技能形成的全过程中,尤其是初级阶段,视觉器官在直观训练和学习中发挥着重要的作用,人体通过视觉器官获得的信息丰富而且生动,这对促成动作技能的记忆和形成非常有帮助。

九、适时恢复原则

(一)适时恢复原则的含义

适时恢复原则是指及时消除运动员在训练中所产生的疲劳,并积极利用超量恢复提高机体能力的训练原则。

(二)适时恢复原则的依据

运动员在训练后,其机体能力和能量储备由于负荷而暂时下降和减少,随着负荷的消失又恢复到负荷前的水平,这一过程称为恢复。而运动训练中的恢复,并不满足于回到先前水平的恢复,而是追求超量恢复,因为超量恢复才是提高机体运动能力的关键环节。

第四节　合理运用羽毛球运动训练方法

运动训练方法是指在运动训练活动中,为提高竞技运动水平、完成训练任务所采取的途径和办法的总称。运动训练方法是教练员和运动员共同完成训练任务的方法,是对训练过程中各种具体训练方式和办法的概括,是对各种具体训练方法的集中表述。运动训练基本方法主要包括分解、完整、重复、间歇持续、变换、循环、比赛和高原训练法。

一、分解训练法

(一)分解训练法的释义

分解训练法是指将完整的技术动作或战术配合过程合理地分成若干个环节或部分,然后再分别进行训练的方法。

(二)分解训练法的分类

1. 单纯分解训练法

应用单纯分解训练法,需首先把训练内容分成若干部分,通过分别学习、掌握各个部分或环节的内容后,再进行整体性的学习。这种方法在技战术的学习与训练中被广泛采用。分解训练法对练习的顺序并没有特别的要求，就是说对分解后的若干部分的学习，没有刻意要求按照一定的顺序进行，可以打乱原有的顺序根据主客观的情况进行训练和学习，只要最后能够把每个部分串起来进行完整的训练就可以。比如分解进行排球快球掩护下的平拉开战术的训练，可将整个战术分解成接发球、快球掩护、传平拉开球和扣球四部分。不论采用何种训练进程，应先使运动员分别掌握这四部分的技术，再完整地进行快球掩护下的平拉开战术的训练。单纯分解训练法的应用特点分解后的各个部分可以独立训练。练习的顺序不必特别要求，以便教练员安排训练。

2. 递进分解训练法

递进分解训练法是指把训练内容分成若干部分，每一部分的训练都按照递进的顺序进行，比如先训练第一部分，只有在掌握之后才可以训练第二部分，然后将前两部分合成起来再训练，再掌握之后才开始训练第三部分，以此类推，逐步逐级地进行下去，如此递进式地训练，直至完整地掌握技术或战术。该方法对练习内容各个环节的练习顺序没有特别刻意的要求，但是对相邻环节的衔接部分则非常重视，有专门的要求，必须将相邻的衔接部分掌握稳定才能进行下一步的训练。

3. 顺进分解训练法

顾名思义，顺进分解训练法是按照原有的顺序把训练内容进行分解成若干部分，从第一部分开始训练，掌握后再训练第一部分和第二部分，以此类推，顺进直至完整地掌握技术或战术。

4. 逆进分解训练法

与顺进分解训练法刚好相反，逆进分解训练方法是最新训练分解后的最后一部分，逐次增加训练内容到最前一部分，直至掌握完整的技术或战术。

二、完整训练法

完整训练法是指完整地进行训练的方法，无论是技术动作还是战术配合，不会进行分解，而是按照原有的结构一气呵成地完成全部训练。优点是有利于运动员完整地掌握技术动作或战术配合。完整训练法可用于单一动作的训练，也可用于多元动作的训练；可用于个人成套动作的训练，也可用于集体配合动作的训练。用于集体配合战术的训练时，应以一次配合的最终战术效果为训练质量的评价标准，更密切地结合实践要求，灵活地组织完整的战术训练。

三、重复训练法

重复训练法是指多次重复同一练习，完成之后进行足够的休息，然后再进行训练，它的特点是后一次完全重复前一次的训练内容，没有增减。通过对同一动作或同组动作的多次重复来强化条件反射，有利于运动员牢固掌握技术动作，通过相对稳定的负荷强度的多次刺激，使机体尽快产生适应性。重复训练法的主要因素有单次练习的负荷量、负荷强度及每两次练习之间的休息时间。休息方式通常采用肌肉按摩。力量素质练习中常常用到重复训练法。

四、持续训练法

持续训练法是指负荷强度较低但负荷时间较长、无间断连续进行训练的练习方法。特别适合训练一般耐力素质，对于负荷强度不高但是过程比较细腻、讲求微妙的技巧变化的技术动作也非常适用。练习时平均心率保持在 130～170 次/分钟之间，可使机体运动机能在长时间的竞技运动训练刺激下产生稳定的适应，可提高有氧代谢系统供能能力以及该供能状态下有氧运动的强度，可为进一步提高无氧代谢能力及无氧工作强度奠定坚实的基础。

五、间歇训练法

与持续训练法相对的是间歇训练法，间歇训练法是指对练习过程组间的间歇时间作出严格规定,使机体处于不完全恢复的状态下反复训练,以期得到理想的训练效果。实践证明,不同类型的间歇训练,可使糖酵解代谢供能能力、磷酸盐与糖酵解混合代谢的供能能力、糖酵解与有氧代谢混合供能能力、有氧代谢供能能力得到提高。严格的间歇训练可明显增强人体的心肺功能。通过严格控制间歇时间,可以提高运动员在激烈对抗的比赛环境下稳定发挥技术动作的能力。总之,间歇训练法是适用多种项目,达到多种训练目的的非常有效的训练方法。

六、变换训练法

变换训练法是指通过调节运动负荷、训练内容、训练形式等训练因素,通过实施变换达到提高运动员训练积极性、趣味性、适应性及应变能力的目的。实际比赛中的情况是瞬息万变的,充满了不确定性,因此,变换训练法正是根据比赛中的复杂性、激烈性以及技术的变异性、战术的变化性等特点进行有针对性的训练。通过变换训练,可使机体产生与项目相匹配的适应性变化,运动员的各种运动素质、运动技战术都得到系统的训练和发展,而且这种能力具有很强的适应性,从而提高应对比赛中各种复杂情况下的运动能力和应变能力。

七、循环训练法

循环训练法是将若干练习手段设置为相应的若干个练习点,按照既定的顺序和路线,要求运动员依次完成每个点的训练。循环训练法的优势之一是可以有效激发运动员的训练情绪。通过不断给出新的刺激来保持运动员的训练热情,同时,也是累积负荷"痕迹"、交替刺激不同体位的最佳训练方式。循环训练法的另一个优势是,具有很强的灵活性。这是因为,循环训练法的结构因素由每个站点的练习内容、运动负荷、安排顺序、每两站点之间的间歇、每遍循环之间的间歇、练习的站数与循环练习的组数。因此,可随时根据具体情况因人制宜地加以调整,可以防止局部负担过重,延缓疲劳的产生,并有利于全面的身体训练。

八、比赛训练法

比赛训练法是指在近似、模拟比赛条件下，按照比赛的规则和方式开展的训练方法。利用人性中的竞争意识和表现意识，比赛训练法可以提高训练质量，从而提高竞技能力。运用比赛训练法可有助于运动员全面提高专项比赛所需要的体、技、战、心、智各种竞技能力。

第五节　制定科学合理的羽毛球运动训练计划

一、训练计划的基本内容

训练计划的基本内容包括运动员的起始诊断、确定训练指标、划分训练阶段、提出各训练阶段的主要任务、安排比赛序列、规划训练负荷的动态变化趋势、选择训练方法以及手段、确定训练负荷、制定恢复措施、规划检查评定训练效果的内容、时间及标准等。

二、训练计划的基本分类

训练计划可分为多年训练计划（例如以奥林匹克运动会为期限，少年儿童的运动计划可制订 6—8 年的计划）、全年训练计划、阶段训练计划、周训练计划、课训练计划。

三、训练计划的基本结构

一个完整的运动训练过程，应该包括运动员起始状态的诊断、训练目标的建立、训练计划的制订、训练活动的实施、训练过程的检查评定以及训练目标的实现6个基本环节。在运动训练的过程中，还可以根据训练的实际发展效果做出调节和修正，使运动训练过程更加具有实际意义，直至通过检查评定得到令人满意的结果，最终实现训练目标。

四、训练计划的制定依据

（一）起始状态诊断

“诊断”源于医学概念，作为获取信息的重要手段之一，被体育与运动训练所引入。在竞技体育训练中，诊断的“对象”可以是一名竞技选手，也可以是一支训练队，可以是一个国家的竞技发展水平，也可以是一个项目的发展现状。

1. 以科学诊断为依据

先进的科学训练是从确立一个正确的出发点开始的，运动员当前的竞技水平、身体素质水平、决定其竞技能力的各个因素的发展水平以及运动员的发育状况、文化教育水平、心理状态等一系列问题，都对运动训练过程产生着重要影响。对这些因素的科学分析和准确判断是有效地制定运动计划的基本依据。只有在科学诊断的基础上，才有可能制订出切实可行的训练计划。

2. 及时评价训练效果

在一个大的运动训练过程中，分为许多不同的阶段，每个阶段的检查评定也可以看作是较小的运动训练过程开始时的状态诊断；多年训练过程和其中的年度训练过程，阶段训练过程和其中的周训练过程，都处于这样一种关系之中。

3. 可以实施有效控制

通过运动训练诊断，可以测定现实状态与目标状态的差距，为运动训练过程实施有效的控制提供可靠依据。并据此调整训练指标、修订训练计划,以实现运动训练过程最佳化,最终完成实现目标的任务。

(二)运动诊断的主要内容

1. 运动成绩

运动成绩是运动员参加比赛的结果。在世界体育竞技舞台,依然是在遵循“胜者王侯败者贼”的规则。运动成绩是对运动员及其对手的竞技能力在比赛中发挥状况的综合评定。包括运动员表现出来的竞技水平、竞赛的胜负和名次。不同项目的比赛有不同的衡量标准。从比赛结果的评价方法分类:田径、自行车、游泳、速度滑冰、举重以及射击、射箭等项目,这些项目是通过对时间、距离、重量、环数的准确测定评价其竞技水平的高低;而体操、艺术体操、跳水等项目,由裁判根据统一的标准,对所完成的动作给予评分来确定竞技水平的高低。

2. 竞技能力

竞技能力是运动员参加训练和比赛所必须具备的素质,是运动员竞技能力的综合体现。组成运动员竞技能力的因素有形态、机能、素质、技术、战术、心理及智力。不同的运动项目,在进行运动诊断时必须要考虑到不同专项竞技能力的结构特点。不同项群运动员竞技能力的各决定因素的作用也各有不同。因此,进行科学诊断要注意首先要把握主导因素,并作为其竞技能力总体诊断的主要依据。

(三)训练状态的诊断

在训练过程中,对不同时间跨度的训练诊断有不同的要求。比如多年和年度训练的训练诊断,更为宏观、全面和概括的特点,而对周计划、课计划中对运动员的训练诊断更侧重短时间内产生的明显变化,比如心理状态、体能和技能。

(四)训练目标的建立

"训练目标"是指为了掌握训练全过程的发展进程而专门设计的理想模式。它可以有效地激发运动员和教练员的进取精神和责任感。目标会激发人的无穷动力和耐力,目标是实现理想的阶梯,它使缥缈的理想变为具体的可以触摸到的实物。如果没有目标,很容易会迷失方向。训练目标是一个多层次的有序系统,一个完整的训练目标由运动成绩指标、竞技能力指标和阶段序列指标构成。

五、训练计划的制订

(一)多年训练计划

多年训练计划更多地强调战略规划和布局,主要用于安排较长时间的系统训练,一般两年以上的训练设想和安排属于多年训练计划,也有时间跨度长达十几年的训练疾患。计划的内容也是提纲挈领,无需设计细节,多采用文字或表格形式表达。

制订多年训练计划,教练员要有战略头脑,要从总体上宏观地规划运动员的多年训练过程。多年训练计划是对于接下来的年度训练计划、阶段训练计划的指导方向,因此不需要做到详尽具体。确定多年训练计划要建立在充分地分析主客观因素的基础上,要了解和掌握专项训练规律及发展趋势,要充分了解运动员的各方面情况。在此之后,确定训练指标,进行阶段划分。由于各个运动项目对运动员开始参加训练的年龄、进入专项训练的年龄、保持最佳竞技水平的年龄都有自然的生理规律,因此在制订全过程多年训练计划时,对专项年龄特征有所了解,将有助于提高计划的科学性。

(二)年度训练计划

年度训练计划是指在运动训练实践中以年度训练作为组织系统运

动训练过程的基本单位。在制订年度计划中，对年度训练的阶段划分非常重要。年度训练计划一般分为单周期、双周期和多周期等类型。全年训练按一个完整的大周期组织实施，称为年周期安排。单周期安排适用于季节性质的项目，需要长达4～6个月的时间才能做好充分准备或者取得显著训练效应的项目如马拉松等，以及每年只有一次重大比赛的项目；双周期是指把全年训练按两个完整的大周期组织实施，它包括两个准备期、两个竞赛期和一至两个过渡期；而将年度训练计划分为三个以上训练周期的安排称为多周期。

周期的划分是将全年训练计划分为更小的训练阶段，使整个计划更便于管理和实施，并保证最佳竞技状态控制在当年重大比赛之际。这种划分可以保证训练的合理组织实施，使教练员能够系统地执行自己的训练计划。

在一个周期的安排中一般划分为准备阶段、比赛阶段、过渡阶段。各个阶段的时间长短，依据运动员的个人具体情况和项目特点要求而定。

（三）周训练计划

周训练计划是组织训练活动极为重要的基本单位，是实施性的具体训练计划。周计划的内容一般要列出每日训练的主要任务和内容、负荷总量与强度比重。一般应将技术、战术训练与身体素质训练交替进行，使之相互调节。根据项目特点的不同，比如技术性强、技术动作多的项目可根据训练课的主要内容安排。对身体机能要求较高的周期性项目，可根据训练负荷为主来安排。

（四）课训练计划

训练课是运动训练最基本的组织形式。不论是周训练计划，还是年度训练计划，都必须通过一次次训练课的组织实施来完成。运动训练课质量的好坏，直接影响运动训练的效果。课计划最详细，直接按照周计划排列的每次课的主要内容和负荷，并根据上一次课的实际情况而定。训练课的类型可分为综合训练课和单一训练课。综合训练课是指在一次训练中综合地发展多项竞技能力，而是综合地发展多种竞技能力；单一训练课是指在一节课只是集中发展某一种能力，或完成某一项训练任务。单一的训练课在准备期的训练中安排得较少，但各个项目的训练中，有时都会组织一些发展本项主导因素的单一训练课。如中长跑运动员的耐力课，乒乓球运动员的基本技术课等。单一训练课可分为发展素质训练课、学习改进技术的训练课、熟练和完善战术配合的训练课、检查评定的训练课以及比赛的训练课等。

第四章　高水平羽毛球运动员的体能素质培养与训练

体能素质是羽毛球运动员竞技能力中最基本的组成部分，良好的体能素质是保障羽毛球运动员在比赛中顺利实施各项技战术以及坚持完成比赛任务的基本条件，是运动员各项技战术的实施达到快、准、狠、活、稳的效果的基础保障，鉴于体能素质对羽毛球运动员的重要意义，在高水平羽毛球运动员全面素质的综合培养中，要将体能素质培养作为基础，结合羽毛球专项特征进行专门性体能训练，在打好体能基础的前提下逐步展开技战术的专项技能训练。本章着重对高水平羽毛球运动员的体能素质培养与训练展开研究，首先阐述体能素质的相关知识，然后依次分析羽毛球运动员的力量素质、速度素质、耐力素质、柔韧素质、灵敏素质以及协调素质等各项体能素质的训练原则与方法，从而为羽毛球体能训练的开展提供科学的理论指导与有效的方法指导。

第一节　体能素质概述

一、体能素质的概念

随着竞技体育的迅猛发展、运动训练理念的不断更新、运动训练理论体系的日趋完善、新的训练方法的大量涌现以及运动员技战术水平的快速提高，在竞技体育领域中体能素质的培养与训练越来越受重视，成为运动员系统训练的重要组成部分之一。

关于体能素质的概念，国内外学者做了不同的界定与阐释，下面仅罗列几种具有代表性和认可度较高的观点。

哈特门等(1995)研究指出，体能是以人体三大功能系统的能量代谢活动为基础，通过骨骼肌系统表现出来的运动能力。从生物化学视角分析，运动员体能的高低主要取决于运动过程中能量的供给、转移和利用的整合能力的高低。

熊斗寅(2000)研究指出，体能是一个不确定的概念，有大体能和小体能之分，大体能泛指身体的能力，包括身体运动能力、身体适应能力、身体机能和各项身体素质，小体能是指运动训练中的体能训练和体能项目等。熊斗寅对体能的研究范畴比较广泛，其中大体能和运动训练学中的体能概念比较接近，只是忽视了身体形态在体能中的作用。

柳伯力(1999)研究指出，体能是运动员为提高运动技战术水平和创造优异运动成绩所必需的各种身体综合能力的综合。

田雨普(2000)认为，体能作为身体的能力，表现在主客观方面，从人体主观看，它的组织、器官和系统经过训练达到某种水平，形成了相对稳定的特征，形成了体能的内在储备。体能在客观现实中的表现则是衡量体能优劣最重要、最基本的标准。在客观现实中主要表现在走、跑、跳、投、攀爬、平衡、悬垂、负重等各种生命活动形式中。

王保成(2001)认为，竞技体育中的体能是指运动员在专项训练和比赛负荷下，最大限度地动员有机体各器官系统，克服疲劳、高质量地完成专项训练和比赛的机能能力。

李之文(2001)认为，体能是经过身体训练获得的人体各器官系统的机能在肌肉活动中表现出来的能力，它包括身体形态的适应性变化和力量、速度、灵敏、耐力和柔韧等基本素质。

总之，关于体能素质概念的界定和阐释，学界有诸多观点和研究结果，在汲取上述观点共性的基础上，可以这样界定体能素质的概念：体能是指人体通过先天遗传和后天训练获得的在形态结构方面、在功能及其调节方面、在物质能量的储存和转移方面所具有的潜在能力以及与外界环境结合所表现出来的综合运动能力。①

从上述体能的概念来看，决定体能素质的影响因素有身体形态结

① 康利则，马海涛．体能训练理论与方法[M]．西安：陕西人民出版社，2011.

构、身体机能水平、物质能量储备水平及机体代谢水平等，体能素质的外在表现形式主要是力量、速度、耐力、柔韧和灵敏等各种运动素质和运动能力，主要在运动过程中体现出来，运动训练是培养和提升运动员体能素质的主要途径与手段。

二、体能素质的分类与内容

在体能素质分类的研究中，最多见的分类方法是将体能素质划分为一般体能素质和专项体能素质两种类型。这是常见的分类方法，但不是唯一的。随着学界对体能素质研究的不断深入，体能素质的理论越来越成熟，人们对体能素质的认识与理解也越来越丰富和深刻，有学者从体能训练视角出发对体能素质进行分类，研究认为，根据体能训练的性质和不同的训练对象，将体能素质划分为三种类型，分别是健康体能、竞技体能和学校体能。下面对这三类体能素质及其主要内容展开分析。

（一）健康体能

健康体能指的是人们日常生活、学习和工作中机体组织的机能得到充分发挥，既能保证正常生活，承受一般的工作和学习压力，又有余力参加休闲娱乐活动，享受生活，还能在突发紧急情况时从容应对的身体能力。

拥有良好体能的人，身体各器官组织功能正常，身体机能水平高。健康体能主要包括以下内容。

1. 身体成分

人体由脂肪组织和骨骼、肌肉、水与多种脏器等非脂肪组织组成，身体成分是否合理，与体重的理想程度有直接的关系。在身体成分中脂肪的比例并不是固定不变的，是会随着机体摄入营养的多少、活动量的大小而发生变化，比例易变化的脂肪对人体健康有很大的影响，脂肪过多会导致体重过重、肥胖，从而诱发高血压、糖尿病等慢性疾病，严重影响健康体能素质和生命安全。

2. 肌力与肌耐力

身体姿势的维持、身体活动的完成都需要具备良好的肌力和肌耐力，肌肉能够产生的最大力量即为肌力，肌肉持续收缩的能力即为肌耐力，拥有良好的肌力与肌耐力，在日常生活、学习和工作中不易产生疲劳，或者说疲劳会延迟出现。

3. 心肺耐力

人体活动中对氧气持续吸收和利用的能力就是所谓的心肺耐力。心肺耐力是健康体能的重要组成部分之一，参考心肺耐力指标可以判断人体在全身性身体活动中的持久能力。心肺耐力强的人日常生活中活动效率高，不易疲劳。心肺耐力水平的高低与心脏、肺脏、血管和血液等身体组织因素直接相关。

4. 柔韧性

人体关节活动的最大幅度范围直接反映了人体的柔韧性。柔韧性好的人身体各部位充分伸展时没有疼痛感。人体柔韧性水平主要受关节结构、关节周围肌肉、骨骼、脂肪等因素的影响。

通过拉伸练习可以提升人体柔韧性，加大肢体活动范围，预防肌肉拉伤和关节扭伤。若柔韧性差，且缺乏锻炼，则容易造成不良身体姿势和局部疼痛，影响健康体能的发展。

（二）竞技体能

竞技体能是竞技能力的重要组成部分之一，特指运动员机体的运动能力。运动员良好的身体运动能力是其在比赛中充分发挥技战术水平、取得优异比赛成绩的基础条件和基本保障。

1. 竞技体能的结构

运动员的竞技体能素质包括三大要素，分别是身体形态、身体机能和运动素质，三者相互联系、相互作用、相辅相成，其中决定竞技体能强弱的因素是运动素质，运动素质的形成与发展也受到身体形态、身体机能的影响。良好的身体形态和身体机能是提升运动素质的重要基础。

2. 竞技体能的分类

竞技体能可分为一般体能和专项体能两类。

（1）一般体能

一般体能指的是运动员的基本运动能力。一般体能水平与身体形态、身体机能水平有关。通过一般体能练习，能够促进身体形态的改善，身体机能水平的提高，提升身体健康水平，进而促进运动素质的全面发展，为掌握专项技能打好体能基础。

（2）专项体能

专项体能指的是运动员与所从事项目有关的身体运动能力。专项体能素质是影响运动员竞技能力和专项成绩的重要因素，对运动员在比赛中顺利发挥和有效实施技战术具有重要意义，不同体育项目的运动特征、供能特点各有差异，因此专项体能训练内容也有所不同。

一般体能与专项体能关系密切，相互促进。一般体能是专项体能的基础，打好一般体能基础是提升专项体能素质的必要条件，专项体能素质的提高也会促进一般体能的进一步增强。一般体能训练和专项体能训练的最终目标是一致的，在提升一般体能素质的基础上加强专项体能素质训练，将一般体能训练与专项体能训练结合起来，才能有效增强运动员的竞技体能，从而为专项技能的提升和优异成绩的获取创造良好条件。一般体能训练和专项体能训练的内容要根据运动员的身体状况、运动能力、专项要求以及比赛安排来设置，要为提升专项水平和比赛成绩而服务，要与专项特征和需求保持高度的一致性。

3. 竞技体能训练内容

运动员竞技体能包含三方面内容，因此竞技体能训练也要从三方面展开，各方面又包含具体的训练内容。

（1）身体形态训练

这方面的训练内容以身体训练和形体基础训练为主。

（2）身体机能训练

该方面的训练内容以人体各大系统的训练为主，各大系统的功能又体现在不同的能力上，从而决定了身体机能训练内容的丰富性，如图 4-1 所示。

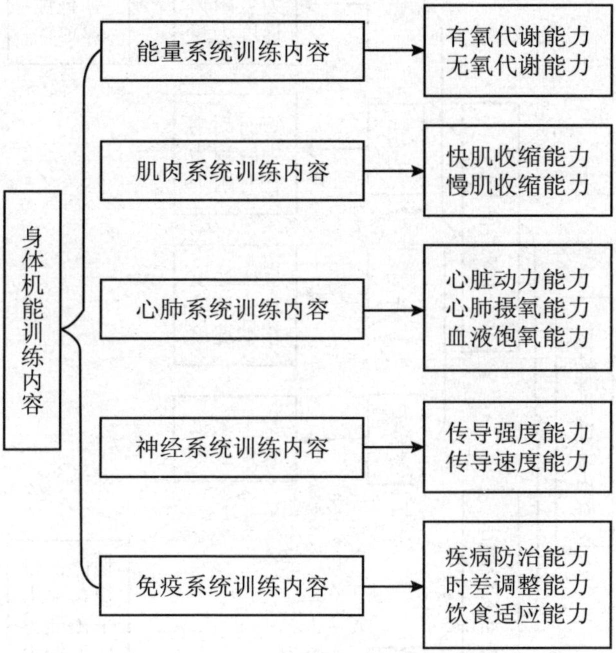

图 4-1　身体机能训练内容①

(3)运动素质的训练

这一方面的训练内容主要涉及五大身体素质，分别是力量、耐力、速度、柔韧、灵敏等。各项训练内容都有自己的结构体系(图 4-2)，因此要注意运动素质训练的全面性与整体性。

(三)学校体能

学校体能指的是学校学生适应生活与学习的身体机能能力、身体抵抗力以及体育运动能力，它直接反映了学校学生的体质健康水平，其构成因素包括学生的身体形态、身体机能、身体素质以及心理素质。学校开展体育工作的目的是使学生通过体能锻炼，促进身心发育，提升身心健康水平，为提升学习效率打好基础。

① 胡亦海．竞技运动训练理论与方法[M]．北京：人民体育出版社，2014.

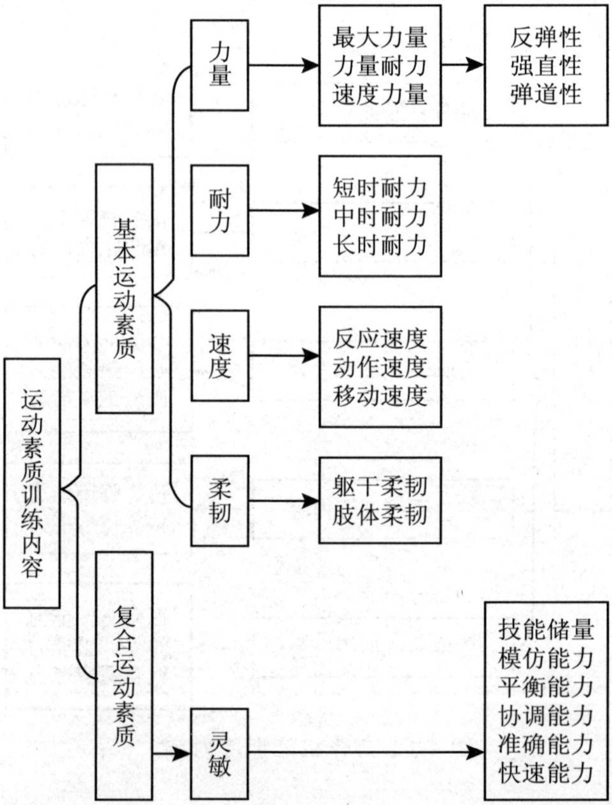

图 4-2 运动素质训练内容①

学校体能从增强学生体质的目标出发，在健康第一、以人为本、全面育人的理念下，采取有效手段优化学生的身体成分，改造学生身体机能的结构和能力，塑造学生的良好心理品质，提升学生的社会适应能力，全面干预学生体质健康，促进学生健康成长与全面发展。

学校体能教育旨在培养德、智、体、美、劳全面发展的社会主义接班人，在体能教育中从学生的身心发育规律出发，根据不同年龄段学生身心健康的不同标准与要求而实施有效教育手段，全面服务于学生健康，在保障学生健康的基础上培养学生的综合素养。

① 胡亦海．竞技运动训练理论与方法[M]．北京：人民体育出版社，2014.

三、体能素质在羽毛球运动中的作用

(一)体能素质是运动员长期训练和激烈比赛的基础

羽毛球运动对抗激烈,运动员身体活动快速、灵活,技术动作多变,这对运动员的体能素质提出了很高的要求,良好的体能素质是羽毛球运动员长期进行艰苦训练和参加激烈比赛的基础条件。

高水平羽毛球赛事充满激烈的竞争,运动员在比赛中技术多样,动作快速,承受的运动负荷比较大,而且也要有良好的控场能力。从羽毛球比赛的场地特征来看,运动员在赛场上需要在较大面积的区域中展现自己的体能和技能,能量消耗非常大。一场高水平的羽毛球比赛时间有时多达两个小时,高水平运动员在长达两个小时的攻守对抗中不停地起动、移动、跨跳、急停、挥臂击球,完成各种技战术,数量之多,速度之快,令人叹为观止。要在高负荷的对抗中快速完成这些大量的、多变的羽毛球技术动作,需要有良好的力量、速度、耐力、灵敏等体能素质,体能素质的高低对最终比赛成绩有直接影响。

羽毛球比赛考验的是羽毛球运动员的临场技能发挥能力,体能是影响运动员临场发挥的重要因素之一。刚开始比赛时,运动员体能充沛,动作速度快,技战术水平能够稳定发挥,随着比赛的进行,对抗越来越激烈,运动员消耗大量体力,运动员在体力不支、严重疲劳时常常会出现动作速度减慢、动作变形不规范、操作失误、被对方牵着走等问题,最终造成比分落后、比赛失败的后果。可见,体能对羽毛球运动员而言至关重要,运动员必须具备良好的体能素质才能上场比赛。

(二)体能素质是运动员技能水平提高的基础

羽毛球运动员竞技能力的提升、保持以及发挥受到自身体能素质的直接影响。运动员体能素质水平直接影响技战术水平,体能素质强的高水平羽毛球运动员对先进而复杂的专项技战术的掌握程度、运动水平都优于体能一般的运动员。若运动员体能素质差,如肢体不协调、身体不灵活、肌肉力量不强、反应速度慢，那么其在比赛中技战术往往得不到正常发挥，达不到预期的效果。

羽毛球运动员专项体能素质水平与技战术水平是成正比的，专项体能水平越高，越有利于专项技能的提升和发挥，反过来，专项技战术训练也是进一步巩固运动员专项体能的重要手段。

（三）良好的体能素质能够预防运动损伤

高水平羽毛球运动员在运动训练和比赛中要承受的运动负荷非常大，这是由羽毛球运动项目的特点所决定的。在高负荷的训练和比赛中，运动员常常出现疲劳症状，肌肉疲劳严重的部位受伤的概率较大，严重的运动损伤会对运动员的运动寿命造成严重影响。

专项体能素质很强的运动员，其抗疲劳能力比较强，疲劳出现时间晚，疲劳症状轻，因而发生运动损伤的概率也就比较少，发生损伤后恢复也比较快，对运动生涯的影响较小。因此，羽毛球运动员必须注重体能素质训练，积极改善身体形态，自觉提高身体机能，有效提升身体素质，使身体结构发生积极的变化，提升身体的抗压能力、抗疲劳能力，增加身体承受负荷的极限范围，从而在运动训练和比赛中有效预防损伤或降低损伤严重程度。

运动疲劳与运动损伤密切相关，严重的运动疲劳会引起运动损伤，因而高水平羽毛球运动员有必要通过体能素质训练来提升肌肉耐力，使专项技战术水平保持得时间久一些。

（四）体能素质训练是培养运动员意志品质的重要途径

羽毛球运动员的体能训练具有系统性、复杂性和极限性，过程异常艰苦，对运动员的意志力是非常大的挑战。在高负荷的体能训练中，运动员要靠顽强的毅力来克服身体惰性、不良情绪和心理障碍，从而勇敢挑战和不断突破自己的体能极限，取得良好的训练效果。在艰苦的体能训练过程中，运动员的意志力能够得到有效锻炼，提升运动员的意志力水平和心理素质。坚韧的意志力反过来又支撑运动员坚持完成训练任务，促进运动素质的有效提升和显著增强。

良好的意志品质也是高水平运动员参加对抗激烈的羽毛球赛事的

必备心理素质，羽毛球运动员在赛场上以超强的体能、坚定的信念、顽强的毅力奋力拼搏、百折不挠，坚持到底，无论结果如何，其顽强的精神和毅力都是值得肯定的。

（五）良好体能素质是运动员树立自信心的重要保证

优秀羽毛球运动员的竞技水平越来越高、越来越先进，这主要得益于先进的训练技术、不断丰富的训练理论与训练方法、全面发展的身体素质以及不断突破的专项技能。在高水平的羽毛球比赛中，尽管参赛选手很优秀，掌握的技战术很全面、很熟练，但也很难只靠一两拍就将对手防线轻易击破，每个来回的对抗、每一分的获得都非常不易。羽毛球选手如果不具备良好的体能素质，没有这一基础条件，是不可能长时间对抗的，而且很容易因为体力达不到竞技需要而失去对抗下去的勇气与信心，这时就容易出现严重的心理障碍，如情绪急躁，焦虑不安，过度紧张等，从而被对方抢占主动权，最终导致比赛失利。那些在比赛场上信心满满、战斗力非常强的运动员往往训练有素，体能充沛。可见良好的体能素质是羽毛球运动员自信心高涨的重要保证。

第二节　力量素质训练

力量素质是最基础的一项运动素质，力量素质的提升不仅能够改善身体形态结构，促进能量代谢，提高神经系统功能水平，而且能够积极影响和促进其他运动素质的发展，进而提升技战术水平。因而在羽毛球体能训练中要以力量素质训练为基础，先打好体能基础，然后进行其他运动素质的训练，在力量训练中要注意结合羽毛球专项特征进行专门力量练习，并适当与其他运动素质结合起来训练。

一、力量素质训练原则

发展肌肉力量的手段主要是力量练习法，力量训练形式丰富，手段多样，既能单一练习，也能组合练习、成套练习，形成了较为完善的力量训练体系。力量训练包括快速力量训练、最大肌力训练、力量耐力训练、爆发力训练等内容，从运动生物学理论出发，在全面增强肌力的力量素质训练中要贯彻以下几项基本原则。

（一）系统性原则

面向高水平羽毛球运动员的力量训练应该在全年训练计划中进行系统性安排，从而持久有效地增加肌力。如果中途放弃，就会导致肌肉力量减退，之前的训练效果消失。

（二）递增负荷原则

从运动生物学的角度来看，运动训练的过程根本上就是运动员在重复不断的训练中机体从不适应到适应的循环往复的过程，一旦运动员适应了某一力量负荷，就要采取新的力量负荷进行训练，也就是在原有负荷的基础上的增加，通过增加练习次数、器械重量、练习时间来加大负荷刺激，进一步提升运动员机体的适应力。

（三）超负荷原则

超负荷就是超过以往训练的最大阻力负荷，在最大肌力训练中，"超负荷"是采用自己最大的或接近最大的肌力练习，使肌肉收缩程度达到最大，从而使相应的运动神经在负荷的刺激下产生积极性调节，使肌肉的应激能力得到增强。如果在最大肌力训练中一直采用中低负荷，那么只能使肌力维持现状。

在力量耐力训练中，"超负荷"是指力量练习重复次数的总负荷量达到或略超过本人最大的神经与体液调控的能力，从而使体内的"内环境"维持稳定状态。只有"超负荷"训练，才能使机体供能系统的能力产生良好的适应性变化。

（四）针对性原则

羽毛球运动员肌力训练包括身体不同部位的训练，在某个部位肌肉的训练中，要在该肌肉部位施加适当的负荷，并使肌肉收缩方向与负荷阻力方向相反，这样才能达到针对性训练与提升的效果。

（五）专门性原则

在设计羽毛球力量练习动作和操作方法时，要参考羽毛球专项特征，尤其是专项技术动作的结构特征，进行专门性训练，从而使羽毛球运动员产生积极的运动性应激反应。如果力量练习方法不符合羽毛球动作结构特征，那么即使运动员经过训练增强了力量，也难以转换为羽毛球专项力量，无法从根本上解决一些力量性技术问题。

（六）肌力平衡原则

肌肉有主动肌和对抗肌之分，这两者肌力之间的平衡状态就是所谓的肌力平衡。从更广泛的角度而言，人体上下肌群力量的相对平衡和左右肌群力量的相对平衡也可以称得上是肌力平衡。平衡和相等不是一个概念，平衡是对应关系，高水平羽毛球运动员肌力平衡有助于进一步熟练羽毛球技术，并能有效预防运动损伤。因此在羽毛球专项力量训练中要贯彻肌力平衡这一重要原则。

二、力量素质训练方法

（一）上肢力量训练

1．6 项哑铃操练习

（1）哑铃前臂头后举练习。
（2）哑铃两臂上下 8 字绕肩练习。
（3）哑铃前臂屈伸练习。
（4）哑铃手腕屈伸练习。
（5）哑铃体前手腕绕 8 字练习。

(6)哑铃体前前臂挥动8字练习。

以上动作全部完成为1组,每次练习4～6组。

2. 挥拍练习

用装满沙子的饮料瓶或是羽毛球拍(道具)负重,交替做类似击球动作的练习,发展上肢力量。握拍方式与实战击球握拍方式相同。

(1)前臂屈伸练习

持拍手持握道具,屈臂举至肩上方,上臂固定不动,以手肘为轴心,前臂、手腕前后快速屈伸。当手臂伸至肩上方最高点时,手腕配合做内旋击球动作。

(2)前臂前后快速挥臂练习

持拍手持握道具,置于体侧肩以上部位,以肩为轴心,快速做前臂前后摆臂练习。

(3)手腕屈伸练习

持拍手持握道具,直臂举至肩上方,前臂和肘部均不移动,仅以手腕快速做前后屈伸练习。

(4)手腕环绕练习

持拍手持握道具,置于体前固定位置,分别以腕或以肘为轴心,用手指或手腕交替做环绕挥动练习。

(5)体侧正、反手抽球动作挥拍练习

持拍手持握道具,在体侧做正、反手抽球击球挥拍动作练习。

(6)反手高手击球动作挥拍练习

持拍手持握道具,置于体侧左肩上方,做反手高手击球动作挥拍练习。

(7)后场击高球或杀球动作挥拍练习

持拍手持握道具做高球或杀球击球动作的挥拍练习。可以原地练习,也可以结合后场转体起跳击球练习,挥拍速度适宜。

(二)下肢力量训练

1. 下肢负重跳跃练习

(1)全蹲起跳练习。

(2)收腹双腿跳练习。

(3)单或双脚全力纵跳练习。

(4)单或双脚向前后左右跳跃练习。

(5)单或双脚蹬台阶跳跃练习。

(6)弓箭步前后交叉腿跳练习。

(7)弓箭步左右两侧并腿转髋跳练习。

(8)左右体前交叉跳跃转髋练习。

2. 杠铃负重练习

(1)左右脚蹬高练习。

(2)前脚掌蹬跳练习。

(3)原地左右蹬跨弓步练习。

(4)交叉弓箭步跳跃练习。

(三)躯干力量训练

1. 腰部练习

做负重踢腿练习,发展腰部肌肉力量。

(1)左右脚正踢腿

前踢腿向上踢得快速而且具有爆发力,支撑腿踝部要配合前踢腿做提踵动作。

(2)左右脚侧踢腿

侧踢腿向上踢的同时,髋部要配合做侧转,支撑腿配合侧踢腿做提踵动作。

(3)左右脚后踢腿

后踢腿向后踢的同时,上体做后仰动作。

(4)腰部前俯后伸

两腿分开与肩同宽,侧靠肋木站立,非持拍手扶住肋木,腰部前俯后伸。练习中当身体后伸时,持拍手尽量摸足跟部。前俯时,持拍手由后仰动作配合击球动作向前上方用力挥动,带动腰部大弧度转髋、转肩(以类似正手击球),锻炼腰背部位的力量和韧性。

2. 实心球练习

(1)左右转体

两人背对背站立，相距1米左右，各持一个实心球做相反方向(即一人向左、一人向右)的转体传接球练习。转体时两脚固定不动，上体快速左右转动。

(2)躯干前后屈仰

两人背对背站立，相距1.5米左右，持实心球采用前屈后仰的方式进行一人上接、一人下传的传接球练习。

(3)抛掷实心球

两人面对面而立，相距10米左右，做双手或单手肩上抛接球练习。要求用类似鞭打的动作抛球。

第三节 速度素质训练

速度素质是非常重要的体能素质之一，它有三种表现形式，分别是反应速度、位移速度和动作速度，这也是速度素质训练的三大内容。人体肌肉力量、中枢神经系统的调节能力对速度素质水平有决定性影响。羽毛球运动员的各项体能素质中，速度素质的发展与其他几项运动素质相比是比较早的，从少儿时期就开始发展。早期的速度训练主要是培养基础速度素质，根据羽毛球专项特征，重点进行快速反应能力、快速起动和变向能力以及快速击球能力等进行培养。在体能训练课中，不同体能素质训练的时间点不同，速度素质训练常常安排在开始部分，使运动员在体能充沛的状态下进行速度训练，有助于提升训练效果。

一、速度素质训练原则

在羽毛球速度训练中，要科学合理地实施练习方法，安排练习负荷，调整练习处方，从而提升训练效果。运动生物学视角下，羽毛球速度训练要遵循以下要求与原则。

（一）符合人体生长规律的原则

不同体能素质发展的敏感期有差异，各项运动素质发展的敏感期出现在人体生长发育的不同阶段。在羽毛球速度训练中，要按照人体生长发育规律，抓住速度素质发展的敏感期，在敏感期阶段加强速度训练，再加上先天基因的配合，能够快速提升速度水平。

（二）符合磷酸原供能系统发展规律的原则

根据羽毛球运动的项目特征，磷酸原供能在羽毛球运动供能系统中占重要地位。提升磷酸原供能系统的供能能力，依据磷酸原供能系统发展规律进行速度素质训练，有助于提升速度素质水平。

在羽毛球速度训练中，为了保证训练效果，在以磷酸原供能为主的训练中，练习总负荷要适中，不宜太大，否则就会使供能方式发生相应的变化，降低磷酸原系统供能所占的比例，从而导致运动强度不足，影响训练效果。在以磷酸原供能为主的速度训练中，以重复训练法为主，使磷酸原系统供能的比例有所保障。

（三）符合快肌纤维发展规律的原则

在运动生理学视角下，速度素质水平在很大程度上受到快肌纤维的影响。在羽毛球速度训练中，要依据快肌纤维的发展规律来设计和选用训练方法，有效发展快肌纤维和速度素质。以快肌纤维的发展规律为依据进行针对性的羽毛球速度训练，能够给人体快肌纤维带来以下积极影响。

第一，增加快肌纤维的横断面。

第二，增强快肌纤维的无氧代谢能力。

第三，改变快肌纤维类型。

当快肌纤维得到以上几方面的发展与完善后，速度素质能够得到有效的提升。

(四)与专项特点相结合的原则

羽毛球运动员的速度训练必须与羽毛球专项特点有机结合起来,如果速度训练不符合羽毛球专项特点,那么运动员获得的速度不会转移为专项竞技能力的一部分。因为简单的快速动作练习和人体植物性神经系统活动之间的联系不是必然存在的,运动员速度水平的提升是以快速动作为前提的,在快速动作练习的基础上,要通过结合羽毛球专项特点的训练将获得的速度能力与羽毛球运动特有的神经系统活动的表现形式有机结合起来,按照羽毛球项目特点进行专项速度练习,强化训练过程中感受器官与运动器官的一致性,提升专项速度训练效果。

例如,在羽毛球反应速度练习中,应把目光移动与身体运动结合起来,把自己的步法动作、挥臂击球动作与目测对手运动的观察力结合起来,经过长期重复训练,能够促进反应速度和动作速度的发展,从而在比赛中快速完成起动、移动变化、挥臂击球等动作。

二、速度素质训练方法

(一)反应速度训练

1. 场地步法练习

(1)听或看信号进行快速全场移动步法练习,以及前场、中场和后场各种分解和连贯步法练习。

(2)看手势进行各种向前后左右的并步、垫步步法练习,以提高运动员的反应速度。

2. 起动步法练习

听或看信号做起动步法练习,提高运动员的判断能力和反应速度。

3. 击球挥拍练习

听教练喊数字口令，按照预先约定姿势做击球挥拍动作练习。

（二）移动速度训练

1. 左右两侧跑练习

面向球网并与球网保持一定距离，先用接杀球步法向右移动，然后返回，再用接杀球步法向左移动，左右两侧来回跑。

2. 直线进退跑练习

站在场地底线中间，用最快的速度向前场网前冲跑，手触网后迅速退回原位起跳击球，反复练习。

3. 低重心四角跑练习

两脚开立，屈膝稍蹲，重心放低，采用上网步法快速向场地四个角移动。

4. 发球上网步法练习

在端线发球位置发球后，迅速接上网步法。

5. 场地四方跑练习

沿半块球场的长方形边线快速冲跑，在角上变换方向要快。

（三）动作速度训练

1. 下肢快速频步训练

（1）原地快、慢变速高频率小密步踏步练习。
（2）原地快、慢变速高抬腿练习。

(3)原地快、慢变速向前、向后屈腿踢练习。

(4)原地快、慢变速转髋练习。

(5)原地快、慢变速体前左右交叉跳练习。

(6)原地快、慢变速向前小垫步接向后蹬转练习。

以上练习按照慢—快—最快,再由最快—快—慢的节奏进行练习,时间控制在20秒慢转为30秒快,或是1分钟快再接30秒最快的速度交替进行练习。

2. 快速跳绳练习

(1)单足快速变速跳练习。

(2)1分钟快速移动跳练习。

3. 快速挥臂练习

(1)前臂屈伸快速挥拍练习。

(2)前臂体侧前后摆动挥拍练习。

(3)手腕前屈后伸快速持续挥拍练习。

(4)手腕快速绕8字挥拍练习。

(5)快速抽球挥拍练习。

(6)快速连续杀球挥拍练习。

4. 击墙壁球练习

(1)封网动作快速击球练习。

(2)接杀球击球练习。

5. 多球练习

(1)多球前场快速接吊、杀球练习。

(2)快速封网练习。

(3)快速击打全场球练习。

第四节　耐力素质训练

耐力是长时间持续运动的能力，包括坚持一定负荷活动的能力、抗疲劳能力以及出现疲劳后机体快速恢复的能力。羽毛球运动的供能特点和运动负荷特点对羽毛球运动员的耐力尤其是速度耐力提出了很高的要求，羽毛球选手在整个比赛过程中都要持续快速运动，因而必须具有良好的速度耐力。为提升高水平羽毛球运动员持续快速运动的能力，在羽毛球体能训练中要加强对专项速度耐力的训练。

一、耐力素质训练原则

在羽毛球运动员的耐力训练中，有氧耐力的训练非常重要，这方面的训练又包括供氧能力的训练和氧利用能力的训练两大内容，有氧耐力的这两项内容既相对独立，又密切联系；既有共性，又有个性，在各自的训练中要坚持相应的原则和要求。

（一）供氧能力训练原则

人体心血管机能水平和肺功能决定了供氧能力的强弱。在供氧能力训练中，关于运动强度的安排应以“有氧阈”（机体在负荷递增的练习中有氧代谢的最高水平）强度为宜，理论研究和实践均证明这是最佳强度。为达到这一强度要求，在供氧能力训练中，心肺的供氧机能应得到充分的刺激，而且当机体内环境发生紊乱时依然不能停止运动。

（二）氧利用能力训练原则

氧利用能力训练中，以“无氧阈”强度为主。“无氧阈”指在负荷递增的运动中，机体开始进入无氧代谢为主的起始水平，即无氧代谢的最低水平，对应的血乳酸值为 4 毫摩尔/升，此时心率约 160～180 次/分。“无氧阈”时的对应运动负荷即为无氧阈强度。以“无氧阈”强度为主的训练有一定的难度，因此常常在高水平运动员的体能训练中来安排，以促进高水平运动员氧利用能力的提升。

针对羽毛球运动员的专项有氧耐力训练，在不同阶段要有不同的侧重，一般规律是在少儿阶段主要训练运动员的供氧能力，突击阶段主要训练运动员的氧利用能力。

二、耐力素质训练方法

（一）综合步法练习

（1）按教练员手势进行各种步法练习，如网前上网步法、中场接杀步法、后场后退步法等。

（2）场地上低重心四角跑练习，练习负荷、密度逐渐加大。

（3）场地前后跑练习，控制练习强度和密度。

（4）场地左右跑练习，将负荷量控制好。

（5）场地四边跑练习，听信号后迅速转身向相反方向跑。

（6）短距离往返跑练习。

以上练习要保证总练习时间和总练习量达到一定的要求，以有效提升速度耐力。

（二）速度耐力练习

1. 跑步、步法练习

200 米、300 米或 400 米全力冲跑后，立刻进行 45 秒或是 1 分钟全场步法练习，都完成为一组。完成 2 组、3 组、5 组不等的负荷练习，组间间歇 2～3 分钟。

2. 长时间跳绳练习

单足跳绳与双足跳绳结合起来，练习负荷逐渐加大。

（三）多球耐力练习

运用多球进行全场各种位置的连续击球练习。

(1)多球后场定点连续大力击高吊杀练习。

(2)多球连续被动接吊杀练习。

(3)多球双打后场左右连续杀球练习

(4)多球连续全场杀球上网练习。

(5)多球全场跑练习。

(6)多球全场封杀球练习。

（四）单打攻防练习

用多球进行单打练习，专门安排一人捡球，出现失误时立即再发球，使练习者不间断地连续移动击球。

(1)二一式 20 或 30 分钟全场进攻练习。

(2)三一式 30 分钟全场接四角球和接吊杀球练习。

(3)三一式、四一式半场或全场防守练习。

第五节 柔韧素质训练

人体各关节肌肉和韧带本身具有一定的弹性，这些组织在人体活动时依赖本身的弹性向不同方向做不同程度的伸展，这里所说的弹性、伸展程度都是柔韧素质的表现。柔韧性的强弱对身体协调能力的好坏有直接影响，对人体活动中各项技术动作的完成质量也有重要影响。柔韧素质好的运动员，身体协调能力强，能够动员身体各部位肌肉协调完成技术动作，动作速度较快，质量较好。同时，柔韧性能好的运动员，因为关节可以大幅度活动，肌肉和韧带可以很好地伸展，因而完成动作时不仅技术质量高，而且发生损伤的概率小，能有效预防损伤。

在羽毛球体能训练中，要将柔韧练习放在热身活动之后，从而使身体各部位韧带充分伸展，同时起到预防韧带损伤的作用。力量素质和柔韧素质结合起来训练也是比较常见的一种训练方式，在肌肉力量训练之后，肌肉疲劳，弹性和柔性减弱，变得僵硬无比，此时可以进行简单的柔韧性练习，拉长肌肉韧带，改善肌肉疲劳状态，有效恢复肌肉弹性和功能。

牵拉练习是柔韧性训练的主要方式，通过牵拉肌肉，不仅能改善肌肉的弹性和灵敏性，还能使运动感受器更加敏感，促进运动感知觉能力的提升，进而促进应激能力的改善。

一、柔韧素质训练原则

（一）科学拉伸原则

羽毛球运动员柔韧素质的训练以拉伸练习为主，拉伸练习的关键在于对拉伸时间的合理控制。每个练习的拉伸时间最长持续60秒。对增加肌肉弹性和柔性有益的拉伸时间是10～15秒，从肌腹到肌腱的拉伸练习需要30秒左右，但是要拉伸重点部位的韧带、肌腱以及筋膜时，时间要稍长一些，但不宜超过90秒。如果拉伸时间过程，肌肉会产生紧绷感，也就是生理学所说的“牵张反射”，这是人体下意识保护肌肉的一种生理现象。

肌肉拉伸练习中要防止拉伸时间过久，如果拉伸过度，则可能造成肌肉损伤，影响肌肉的弹性与灵活性。

（二）循序渐进原则

柔韧素质的改善与提升不是一朝一夕就能实现的，必须坚持系统性、阶段性训练，持之以恒，循序渐进，才能逐步改善机体柔韧性。高水平羽毛球运动员在柔韧素质训练中，练习内容、练习难度都应该逐步增加，不能急于求出。

柔韧素质训练具有练习强度较低的特征，羽毛球运动员的柔韧训练和力量、速度、耐力等身体素质训练相比，练习强度确实比较低，一般以最大拉伸幅度30%～40%为宜，这种低强度的拉伸练习被称为微拉伸。

微拉伸以牵拉组织细胞为主，能够使肌组织与结缔组织变得更加柔软。当运动员在训练中发生轻微损伤时，可以采用微拉伸的运动康复手段来恢复受损组织，促进组织再生，尽可能将结缔组织损伤对肌原纤维的不利影响降到最低。

（三）练习频率适宜原则

羽毛球运动员若要采取牵拉练习来提升自己的柔韧性，那么至少要保证每天两次拉伸练习的频率，每次拉伸练习中，要保证每个肌群的牵拉次数不少于3次。只有保证练习频率，积累练习量，才能使中枢神经系统与肌肉的联系更加紧密，使二者更加和谐。

二、柔韧素质训练方法

（一）上肢柔韧性训练

1. 手腕绕环

手腕做屈伸、外展、内收等动作，沿顺时针/逆时针转动绕环练习。

2. 绕肩

两手举到头顶，以直臂或屈臂姿势向前绕臂，再向后绕臂，如此快速向前、向后做绕肩练习。

（二）下肢柔韧性训练

1. 腹背屈仰练习

两脚开立，与肩同宽。一侧手扶固定物，另一侧手臂上举，先向后仰用手触摸右跟腱部位，以击球姿势收腹，然后上体前屈用手触摸右足尖部位。

此练习也可以两人背向站立，相距 1 米左右，持实心球做上体前屈、后仰的传接实心球练习。

2. 踢腿练习

快速正向、侧向和后向的踢腿练习。

3. 拉跟腱练习

脚掌立靠墙壁，身体重心靠向墙壁方向，坚持 30 秒，重复练习。

4. 弓箭步跨步练习

以弓箭步步法进行跨步练习，50 米为一组。

（三）腰部柔韧性训练

1. 绕环练习

两脚开立与肩同宽，向左前、右前、左后、右后、左侧、右侧做伸仰练习。

2. 转腰练习

两人背向站立，相距 1 米左右，持实心球做左右转体传接球练习。也可以运用近身被动击球动作做快速转腰练习。

第六节　灵敏与协调素质训练

灵敏素质是综合体现基础身体素质和基本运动技能的一项综合素质。羽毛球运动员的灵敏素质是一种体现身体与球和谐统一的运动素质。羽毛球运动中，击球后球体在空中快速飞行，方向多变，这就要求运动员具备人体与球和谐统一的良好灵敏性，尤其是要具有良好的突变能力以及空间距离感知能力。加强专项灵敏素质训练对提升高水平羽毛球运动员的灵敏素质具有重要意义。

协调素质同样是综合性运动素质，综合反映了人体各种身体素质和运动能力。协调素质的好坏受诸多因素的影响，如人体机能水平、基本运动素质水平、技能储备量以及心理素质等。运动技术的形成以良好的协调能力为基础。协调性好的运动员，在运动技能练习中能够对动作的空间、时间、节奏等要素及其内在联系有准确的把握，身体各部位能够根据运动需要而精确协调配合，从而快速掌握运动技能，并不断强化提高。因此，在羽毛球运动员培养早期要特别重视对协调能力的训练。

一、灵敏素质训练原则

（一）健康安全原则

羽毛球运动员拥有获得与保持健康的基本权利，健康是运动员训练和比赛的前提条件。灵敏素质训练对运动员的基础体能和基本运动能力有较高的要求，一般在羽毛球训练课的前半部分安排灵敏性练习，确保运动员在体力旺盛、精力充沛的状态下完成训练任务，提高训练效果。

羽毛球运动员的健康状况是安排专项灵敏性训练的首要依据。高强度的专项灵敏性训练存在一定的风险，不适合身体状况较差和有运动伤病的运动员参与，有伤病的运动员应以运动康复训练为主。在羽毛球运动员灵敏素质训练中，要创建安全的训练环境。

（二）适宜负荷原则

灵敏素质训练中，主要供能方式是磷酸原系统供能，训练过程练习负荷较大，容易出现疲劳，为确保运动员机体磷酸原的尽快恢复，在每个练习结束后休息时间必须足够。

在羽毛球灵敏素质训练中，为促进磷酸原系统供能能力的充分发挥，一般每个练习的持续时间不超过 10 秒，2 个练习之间至少间歇 30

秒，组间间歇时间不少于3分钟，以保证磷酸原的基本恢复，促进运动员有氧代谢能力和糖酵解供能能力的提升。

灵敏素质训练中合理控制练习强度非常重要，练习强度可通过变化练习时间来调控，并通过对运动员心率的监控而评价练习强度的大小。观察运动员在练习中的动作完成情况也能判断练习强度是否合理，当运动员制动时动作不稳、制动能力下降时，说明运动强度较大，要作出相应调整，如暂停训练或将间歇时间延长。

（三）区别对待原则

羽毛球运动员灵敏素质训练内容要依据运动员所处的不同训练阶段的特征来安排，要做到区别对待。

在灵敏素质训练的开始阶段，要重点训练基本步伐、基本移动能力和身体控制能力，从而提升运动员控制平衡和保持身体重心稳定的能力，并提高运动员的快速移动能力，为后面结合球的灵敏性训练打好坚实的基础。在之后的训练中，要结合羽毛球专项特征与要求来安排专门的灵敏性练习，如羽毛球移动步法练习，当运动员的移动技术达到一定水平后，结合羽毛球专项运动场景进行快速反应能力练习。

总之，在羽毛球灵敏素质训练中贯彻区别对待原则，在不同训练阶段有侧重地安排训练内容与方法，则有利于促进羽毛球运动员综合体能素质的逐步提高与不断突破。

二、灵敏素质训练方法

（一）上肢灵敏训练

1. 手腕前臂灵敏性训练

（1）快速和变向用手接各种前半场小球练习。

（2）快速左右前后一步腾空接球练习。

（3）快速用手接上下左右和前后位置来球的练习。

2. 手指灵敏性训练

(1)捻动球练习

手持球于网前,用手指捻动球,使球在手掌内做上下、左右的翻滚练习。

(2)抛接球练习

手持球向前、后、左、右、上不同方向抛球,再迅速接住,反复练习。

(3)持拍绕环练习

双手持拍在体侧前方做同侧前后手臂大绕环练习,或是异侧大绕环练习,即一只手向前绕环,另一只手反方向大绕环。

(二)下肢灵敏训练

(1)快速提踵练习。在10～20秒内用最快速度完成。

(2)两脚交替高频率踏跳。在10～20秒内用最快速度完成。

(3)半蹲,以最快速度向两侧并步移动,也可以在短距离内变换方向。

(4)高频率前、后分腿跳和左、右分腿跳。

(三)髋部灵敏练习

1. 原地转髋练习

连续左右转髋,向右转时右腿向外旋、左腿向内旋,两脚尖方向一致向右,身体向前,上体保持平衡,仅下肢转动。向左转时左腿向外旋、右腿向内旋,两脚尖方向一致向左。

2. 高抬腿交叉转髋练习

高抬腿,抬至体前最高点后迅速向左或向右转髋,带动身体左右转动,反复练习。

3. 快速转体练习

以左脚为轴,右脚向前、向后做蹬步转体练习。

4. 小密步垫步前后蹬转练习

右脚向前移动半步，左脚紧跟其后迅速垫一小步并向右脚，此时以左脚为轴心，右脚向后蹬地转体，左脚退回小半步，右脚再向前移动半步（重复第二次），反复进行。

5. 收腹跳练习

双脚全力纵跳，同时双腿向胸前屈收，完成屈腿收腹动作，连续跳跃，反复练习。

三、协调素质训练原则

（一）以身体素质协调发展为基础的原则

协调素质对羽毛球运动员来说至关重要。在羽毛球体能训练中，要将协调素质作为主要内容之一进行常态化、系统性训练。

作为一项综合素质，协调素质的培养要建立在力量强、速度快、柔韧性好的基础之上，要以这些运动素质的协调发展为基础。在协调性训练中，要综合发展各项体能素质，从运动员身体素质的特征、优势、缺陷、个体差异等实际情况出发进行具有针对性的训练，以形成体能优势，弥补发展落后的身体素质，促进体能素质的协调发展。

（二）克服不合理肌肉紧张的原则

在羽毛球运动中，不管完成哪个技术动作，都需要大脑皮层支配肌肉合理交替运动和相互协调运动，在肌肉运动过程中，有紧张的肌肉，也有放松的肌肉，不同状态的肌肉是交替工作的，紧张的肌肉经过紧张的工作后要适当放松，放松的肌肉得到放松后又要重新开始紧张，如此才能使动作更加精确、协调。

在高水平羽毛球运动员协调素质的训练和协调能力的培养中，运动员要努力克服自身不合理的肌肉紧张。肌肉过于紧张常常是由下列几方面的原因造成的。

(1)机体在非运动状态下,肌肉也处于紧张状态。

(2)肌肉紧张收缩之后,放松不及时,肌肉从紧张过渡到收缩的时间较长。

(3)肌肉因长时间工作或受到大负荷的刺激而造成过度疲劳。

(4)神经和心理高度紧张,精神状态不够放松等。

为克服不合理的肌肉紧张,需加强肌肉放松能力的培养,方法可参考以下几种。

第一,提升意识法,运动员提高自我放松意识,认识肌肉放松对协调素质提升的重要意义。

第二,自我暗示练习法。

第三,位移性练习法。

第四,专门的放松练习等。

(三)方法多样性原则

在羽毛球协调素质训练中,要从运动员的基础运动素质现状、协调性培养需求等方面出发而设计与选用科学合理的、丰富多彩的协调训练法。选择协调素质训练方法也要对训练环境予以考虑,将模仿训练和有球训练、徒手训练和器械训练等结合起来,训练方式丰富多样,也可以将各种单一的练习方式灵活组合起来,保证练习的数量、强度和质量。

在协调性训练方法的设计与选择中,注重竞赛训练法、游戏训练法等趣味训练法和实战训练法的实施,从而活跃训练氛围,有效提升运动员训练的积极性。

(四)结合专项需要的原则

良好的协调能力是完成羽毛球技术动作的前提条件,这里所说的协调能力本身具有多项与羽毛球专项技战术性质密切相关的特征,如正确性、快速性、应变性、和谐性等。羽毛球运动员在专项体能训练阶段,要根据羽毛球专项的特征与要求而培养协调力,将能够突出专项特征的协调能力作为重点培养内容,从而通过提升专项协调能力而促进羽毛球运动员技战术水平的进一步提高。

四、协调素质训练方法

(一)渐进训练法

渐进训练法就是循序渐进地实施协调能力的训练内容和训练方法，练习难度逐渐增加，逐步稳定地提高运动员的适应力和协调能力。具体操作时，先练习简单反应能力，再过渡到选择反应能力；先练习单个动作，再向组合动作练习过渡。

(二)平衡训练法

平衡力与协调素质密不可分。人体姿态静力性反射能力和自由调节能力以及内感觉矫正能力对平衡能力的高低有决定性影响，其中内感觉校正能力也是协调能力发展中不可缺少的一项生理机制。采用平衡练习法时，先进行失衡练习，再训练保持平衡的能力。为增加练习的趣味性，可以让练习者旋转几圈后停下来尽力保持静态姿势，从而有效提升身体的平衡力。

(三)变换训练法

在其他体能素质的训练中，在不违背训练原则和训练目标的前提下，对练习方式、动作方向、动作力量、动作速度、动作节奏等要素不断进行变换与调整，使练习动作由简单到复杂，使训练条件与环境更加艰难、复杂，这种情况下不仅能够提升正在训练的体能素质，还能够使运动员的协调能力、应变能力得到有效锻炼和提升。

第五章　高水平羽毛球运动员的心理与智能素质培养与训练

作为一名高水平运动员，不仅要具备出色的体能与技能，而且还要具有良好的心理与智能素质，这些素质在比赛的关键时刻通常能起到决定性作用。因此，在平时的羽毛球运动训练中，要将运动员的心理与智能素质训练贯穿其中，不能忽略。本书重点阐述心理与智能的基本理论，并设计科学的训练手段与方法。

第一节　心理与智能素质对羽毛球运动员的重要性

心理与智能也是运动员训练体系中的重要内容，有时候容易受到忽视，作为一名高水平羽毛球运动员要充分认识到心理与智能的重要性，从观念上重视起来。

一、心理素质训练的重要性

在羽毛球比赛中，双方运动员对球的争夺非常激烈，时常出现比赛非常胶着的情况，尤其是决胜球上，运动员的心理可能会发生一定的变化，具备强大的心理是夺取比赛胜利的关键。为了提升运动员的竞技水平，取得优异的比赛成绩，需要对运动员的心理机制进行一定的加强和提高。在平时的训练中，培养和提高运动员自我调节心理状态的各种手段与方法，才能应对比赛过程中在强烈对抗下产生的心理冲击，才能在比赛中发挥出正常水平，甚至是超常发挥，从而取得比赛的胜利，因此，运动员的心理训练必不可少，要将其作为日常训练的重要内容。

以上分析可知心理素质训练对于运动员的重要性，其训练的主要作用就在于帮助运动员获得较高水平的心理能量的储备，从而能够在比赛的高压条件下正常发挥。为进一步提高运动员的心理素质水平，则需要在平时的训练中增加训练的难度，以及对抗的激烈程度，技战术的设计与安排要与比赛要求看齐，甚至是高于比赛要求，如此能取得更加显著的效果。

总之，具体来看，心理素质训练的重要意义主要体现在：稳定心理、调整状态、锻炼意志、提升比赛适应能力等方面（图 5-1）。

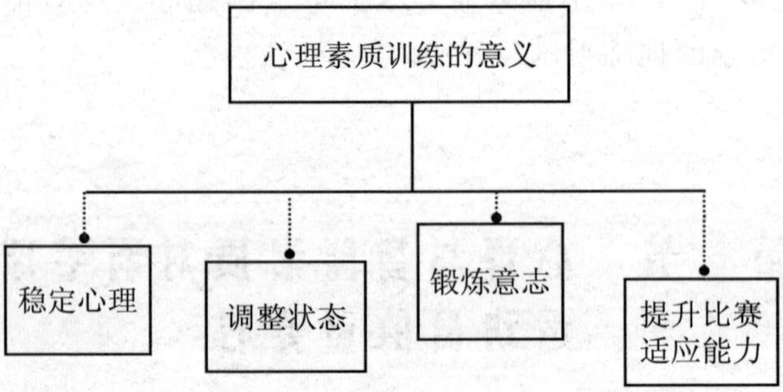

图 5-1　心理素质训练的意义

二、智能素质训练的重要性

通常情况下，智能活动在运动行为中虽然不像技术动作那样可被明显地观察到，但在每一个运动行为中，无论是技术动作还是战术行动中都或多或少地包含着智能因素。因此智能素质的训练对于运动员而言也是非常重要的。

一般来说，具有较高智能水平的运动员能更加敏锐地发现运动训练中的规律，善于采用科学的训练理念与方法来提高自身的技术水平，从而在促进自身竞技能力提高的同时取得优异的比赛成绩。可以说，高水平的运动员无一不具有较强的智能素质。

总体而言，运动员智能素质训练的重要性主要体现在以下方面（图 5-2）。

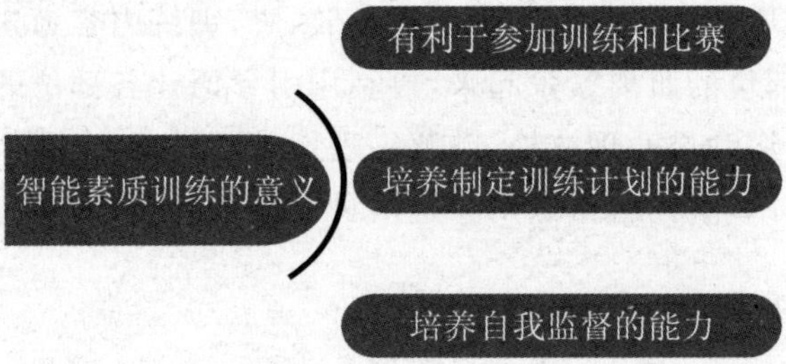

图 5-2 运动员智能素质训练的重要意义

第一，有利用运动员训练和比赛。运动员应能在教练员的指导下积极主动地完成训练任务，拥有较高智能水平能帮助运动员更好地应对训练和比赛中的突发状况，占据比赛的主动。

第二，有利于培养运动员参与制定和修改训练计划的能力。拥有良好的智能素质，运动员可以独立完成制定训练计划或方案的任务，根据自身的具体实际修改与完善个人训练计划。

第三，有利于培养运动员进行自我监督的能力。运动员应能对自己的健康、机能和心理状态进行有目的的观察与检查，以配合教练员合理安排运动负荷与恢复，科学地控制训练过程。

第二节 高水平羽毛球运动员心理素质训练

一、心理素质训练的方法

（一）放松训练法

在运动员心理素质训练中，放松训练较为常用。而渐进性放松法则是放松训练的重要一种。渐进性放松法是指利用一定的方法和程序，使练习者的肌肉从局部到整体完全放松，进而消除其紧张心理，使其达到心理放松的心理训练方法。渐进性放松法遵循一定的步骤，其肌肉训练顺序为上肢、肩、头部、颈、胸、腹、臀、下肢、脚，训练内容为先利用一定的引导语让各部位的肌肉紧张起来，再利用引导语让各部位的肌肉放松下来，这有利于运动员心理放松，缓解心理压力。另外，自生放松法也是非常重要的一种。下面就重点阐述这两种放松训练方法。

1. 渐进性放松法

(1)准备姿势

练习者以自己觉得最舒适的姿势，放松自然的坐在椅子上。

(2)训练过程

认真倾听下面的提示语，根据提示语的要求做相应的变化(注："…"代表 5 秒钟的停顿)。

自然轻闭双眼，深呼吸三次…

紧握左手，紧握…认真感受左手的感觉…松开左手，放松…

再次紧握左手，认真感受这种紧张状态…再次紧握…松开左手，放松，想象左手受到的压力正在从手指上慢慢消失…

现在将右手紧紧握成拳头，握拳的同时感受手掌、手指、手臂的紧张状态…然后慢慢放松…

再次紧握右手，感受紧张状态…慢慢放松…

左手紧握，同时弯屈左臂，使二头肌紧张起来，保持这种状态…放松下来，想象这种紧张感从手臂慢慢流向手指，再慢慢从手指消失…

右手紧握，同时弯屈右臂，使二头肌紧张起来，保持这种状态…放松下来，想象这种紧张感从手臂慢慢流向手指，再慢慢从手指消失…

双手紧紧握成拳头，双臂弯屈起来，使双臂的二头肌都紧张起来，感受这种紧张…慢慢放松下来，想象紧张感从手臂慢慢流出，再慢慢从手指流出去…

用力皱眉，同时用力紧闭双眼，使额头和双眼紧张起来…现在放松，感受放松的感觉流过双眼…继续放松…

双唇紧闭，上下颌用力闭合在一起…现在慢慢放松下来…

现在，皱眉，用力闭眼，双唇紧闭，上下颌用力闭合在一起，抬高下巴，拉紧颈部的肌肉，体会这种紧张状态…现在慢慢放松下来，并认真体会这种放松的感觉…

用力向前耸肩，尽量将背部的肌肉向前拉，使背部的肌肉紧张起来，保持这种状态…好，现在慢慢放松下来，感受背部慢慢松弛下来…

再重复一次刚才的动作，同时用力收腹，使腹部肌肉紧张起来，保持这种状态…现在慢慢放松…

将肩背部动作和腹部动作结合起来再做一次，感受背部肌肉和腹部的肌肉被拉紧，保持这种状态，认真体会…现在慢慢放松…

现在，我们来进行一次系统练习。首先，做 3 次深呼吸…双手紧握成拳头，屈起双臂，使二头肌紧张起来，紧闭双眼，用力皱眉，抬起下巴，双唇紧紧闭上，上下颌紧紧咬合在一起，向前耸肩，用力收紧腹部，完成上述所有要求，现在保持这种状态，感受身体各个部位所受到的紧张感…现在深呼吸，慢慢将气吐出来，同时身体各个部位全都放松下来，感受所有的紧张感慢慢从身体上消失…想象紧张感从身体的各个部位流出，放松，放松下来…

现在我们来做腿部的练习，将左脚脚跟靠近椅子，使劲下压脚跟，同时将前脚掌竖起，用力绷紧小腿和大腿的肌肉，感受小腿和大腿正在用力…好，现在慢慢放松下来…

再来做一次上面的练习，左脚脚跟用力下压，前脚掌抬起，小腿和大腿肌肉用力绷紧，感受肌肉的用力…放松下来…

现在将右脚脚跟靠近椅子，用力下压，前脚掌向上抬起，用力绷紧小腿和大腿的肌肉，感受腿部的用力…现在放松下来…

双脚脚跟都向椅子靠近，用力下压脚跟，双腿肌肉用力绷紧，感受这种紧张状态…好，现在慢慢放松下来…

现在，做 3 次深呼吸…然后来把上面的练习系统性的做一遍，按照双手、双臂、前额、双眼、下颌、颈部、双唇、肩膀、背部、腹部、双腿的顺序，依据上面的练习方法，使这些部位的肌肉都紧张起来，认真感受这种紧张状态…然后慢慢放松下来，使所有部位的肌肉都慢慢松弛下来…现在继续深呼吸 3 次，然后再将上面的练习重复一次，先紧张起来然…后慢慢放松…现在开始进行正常的呼吸，想象自己全身的肌肉都处于完全放松的状态，尽情享受这种放松。

2. 自生放松法

自生放松法是指通过指导语诱发练习者自身产生某种感觉体验，进而达到精神和身体放松的心理训练方法。

(1)准备姿势

方式一：练习者自然放松地坐在椅子上，双眼轻轻闭上，双臂放在椅子扶手或者双腿上，双脚自然分开，脚尖稍微朝外。

方式二：练习者自然放松地躺在床上，双眼轻轻闭上，双臂自然放在身体两侧，掌心朝下，双腿自然分开，脚尖稍微朝外。

(2)练习引导语

我正在进行平稳而又缓慢的呼吸。

我觉得我的周围一片安静。

我觉得自己现在非常放松。

我的双脚感到沉重，我的双脚放松下来。

我的踝关节感到沉重，我的踝关节放松下来；我的膝关节感到沉重，我的膝关节放松下来；我的双脚、踝关节、膝关节、臀部全部感到沉重，我的双脚、踝关节、膝关节、臀部全部放松下来。

我的腹部感到沉重，我的腹部放松下来。

我的双手感到沉重，我的双手放松下来；我的手臂感到沉重，我的手臂放松下来；我的肩膀感到沉重，我的肩膀放松下来；我的双手、双臂、肩膀全部感到沉重，我的双手、双臂、肩膀全部放松下来。

我的脖子感到沉重，我的脖子放松下来；我的下巴感到沉重，我的下巴放松下来；我的额部感到沉重，我的额部放松下来；我的脖子、下巴、额部都感到沉重，我的脖子、下巴、额部都放松下来。

我的整个身体都感受到宁静；我的整个身体都觉得沉重；我的整个身体都放松下来。

我的呼吸越来越深，我的呼吸越来越慢。

我现在觉得自己非常放松。

我的双臂和双手都觉得非常沉重并且温暖。

我感到非常安静。

我正处于完全放松的状态，我的双手放松而温暖。

一股轻松的暖流慢慢进入我的双手，现在我的双手温暖而放松。

一股轻松的暖流慢慢进入我的双臂，现在我的双臂温暖而放松。

一股轻松的暖流慢慢进入我的双腿，现在我的双腿温暖而放松。

一股轻松的暖流慢慢进入我的双脚，现在我的双脚温暖而放松。

我的呼吸越来越慢，我的呼吸越来越深。

我觉得我的身体非常放松，我现在感到宁静而舒适。

我的头脑宁静而空白，我感受不到周围的一切。

我保持宁静，我所有的思想都集中到身体的内部。

我的身体深处，我的大脑深处，我都是宁静而放松的。

我的头脑是清醒的，我全部的思绪都集中在身体内部，我整个人放松而宁静。

我的头脑安详、平静，我的呼吸更慢，我的呼吸更深。

我感到一种内部的平静。

我要保持这种状态一分钟。

现在结束这种放松宁静的状态，深吸一口气，慢慢起身，感觉有力量从我身体的各个部位流进我的身体，我觉得自己充满了力量和活力。

（二）表象训练法

表象训练法是指运动员有意识地在头脑中重现某种动作、技术或者运动情景，从而提高运动技能、增强心理调控能力的过程。

一个完整的表象训练过程主要包含以下四个程序。

（1）表象知识介绍。要求运动员充分了解运动表象，掌握其特点和作用等内容。

（2）表象能力测定。通过设置规定情景，对运动员的表象能力进行测定，从听觉、视觉等感觉的清晰性，情绪体验的深度，表象的控制能力等角度设置表象能力的等级，确定运动员的表象能力等级；根据运动员的表象能力设定表象训练的目标和任务，制定表象训练的计划。

（3）基础表象训练。基础表象训练的目的是提高运动员的基础表象能力，为发展运动员的专项表象能力奠定基础，主要训练内容为提高感觉觉察能力训练、提高表象清晰性训练、提高表象控制性训练等，是整个表象训练中最重要的一个程序。

（4）针对性表象训练。针对性表象训练是结合运动专项的特点和要求进行的训练，目的在于提高运动员的专项表象能力。

(三)暗示训练法

暗示训练法是指利用语言等暗示物,有意对运动员的心理施加影响,最终使运动员的行为朝着预期的方向发展的心理训练方法。这一训练法在当今的运动训练中得到了广泛的应用。

暗示训练过程主要包括以下程序。

(1)使运动员充分认识到教练员语言的重要性。

(2)了解运动员在训练或者比赛过程中比较常出现的消极心理。

(3)帮助运动员树立正确认识这些消极心理的态度。

(4)制定一些积极的暗示语来对抗消极心理,激发训练的积极性。

(5)改善心态,确定固定的时间进行心理暗示。

(6)养成积极的心理暗示的习惯,形成积极、乐观的心态。

(四)动机激发法

运动员在训练和比赛中的良好表现都离不开正确动机的内在驱动。在运动训练和比赛前采用动机激发的方法来调节运动员的心理,将正确的观念传输给运动员,如顽强拼搏、为国争光、集体荣誉、勇者必胜等,使运动员的注意力高度指向正确的方向和理想目标上。此外,也要让运动员正确对待成败,在训练和比赛中只要拼尽全力,要尽可能将自己的长处发挥出来,这就是动机激发法。动机激发可以采取物质奖励和精神鼓励的两种方法进行。

(五)呼吸调整法

调整呼吸的主要目的在于稳定运动员的心理状态,提高其心理稳定性,吸气时肌肉紧张,呼气时肌肉放松,肌肉张弛对心理状态的调整具有重要影响,能够使运动员克服不良情绪,平复内心,以积极稳定的心理状态去参加训练和比赛,这更有利于发挥正常水平,取得优异的成绩。

（六）游戏转移法

游戏转移法是一种转移注意力的趣味心理训练方法，这一训练法具有较强的趣味性，能在很大程度上缓解运动员紧张、焦虑、烦躁不安的情绪。再具体的训练中，可以用一些生动有趣的游戏来转移运动员的注意力，使其摆脱紧张心理，进入一种放松状态，保持情绪和身心放松。在设计这类游戏时，要提出游戏规则、要求和注意事项，让运动员更加轻松愉快地融于游戏之中，从而取得理想的心理训练效果。

（七）系统脱敏训练法

系统脱敏训练法是一种以渐进方式克服神经症焦虑的技术。其基本的操作原理是，当人的精神逐渐适应某种刺激，对其的反应就不再敏感，机体也不再会因为精神受到刺激而进入紧张状态。

一般来说，系统脱敏训练主要包括以下程序。

1. 制定等级反应表

了解能够引起练习者恐怖或者焦虑情绪的刺激，对这些刺激进行等级划分，并制作成等级表。

2. 放松训练

进行放松练习，每次进行 6～10 次的练习，练习的持续时间在 30 分钟左右；每天找 1～2 个时间段进行练习，目标是放松全身肌肉。

3. 分级脱敏训练

(1)放松。可以采用放松训练法展开这一步骤。

(2)想象脱敏训练。这一步骤是指，由引导者叙述能够对练习者产生恐怖或者焦虑刺激的场景，练习者想象引导者叙述的场景并逐渐适应场景的的训练。

需要注意的是，这一练习需要在安静的环境中进行，每次练习持续的时间需要在 1 小时以上才算有效。同时，练习者还必须清晰地想象场景，不能逃避。引导者根据刺激的等级由低到高进行叙述，中途如果练习者出现无法忍受的状况，则退回到刺激等级较低的练习中重复练习，直到练习者能够接受更高等级的刺激。训练时间保持在4个小时以内为宜。

（3）适应训练。适应训练是指由最低等级开始到最高等级结束，练习者进行适应所有等级刺激的训练，并逐渐实现完全的心理适应。这一训练对于完善运动员的心理品质具有重要的意义。

一般情况下，在适应训练中，针对每个等级的刺激的训练都要重复多次，直到对这个等级的刺激完全不敏感为止。适应训练的频率为每周1～2次，每次训练持续的时间在半个小时左右。当然，每一名运动员的情况都是不同的，可以结合自身的具体实际合理的调整。

二、赛前、赛中、赛后的心理素质训练

（一）比赛前的心理训练

1. 赛前的心理状态

对于初出茅庐的运动员而言，刚参加比赛时，由于缺乏比赛经验，通常就会显得紧张，有一定的心理压力。在具体的比赛中，当看到面对的是实力水平略弱于自己时，就会产生轻敌思想。这主要是因为对比赛过程的简单预判，而且往往是轻视了比赛的困难程度。那么表现在技术上就是随意性较大，并没有严格地执行技术的要求和标准，而在战术上，则表现为防守略显松懈、不够积极。这样就会给对手留下很大的反攻空间，一旦遇到局势反转，就容易发生崩盘的情况。

而当经验不足的运动员在面对强队时，又容易产生畏敌情绪，表现为比赛中的软弱、退缩，缺乏战斗精神，遇到被清理打压的情况时，就容易失去斗志，从而吞下失败的苦果。而如果双方势均力敌，那些心理素质薄弱的球队又会表现出，想赢又怕输的矛盾心理，这显然就是信心不足、怕字当头，那么连带地会带来过多地考虑消极因素，从而影响了决策迟缓，行动不够果敢的情况，最终必然会影响全队的成绩表现。

总之，不论是初出茅庐的运动员还是经验丰富的高水平运动员，其心理状态可以分为以下几种。

(1)最佳竞技状态

运动员的最佳竞技状态主要表现为身体状态良好，技战术准备充分，斗志昂扬、注意力集中，具有适度的兴奋性，能够清醒地认识到自己的优势与缺点，能够扬长避短，具有较强的抗干扰能力和打压能力。

(2)赛前焦虑状态

运动员的赛前焦虑状态主要表现为焦躁不安，吃不下，睡不着，身体失调，赛前紧张心跳加速，呼吸不畅，身体虚汗，手脚发凉，尿频增加。对比赛担心受怕，提心吊胆，注意力涣散，头脑昏沉沉，急躁易怒，烦躁不安等。

(3)赛前抑郁状态

运动员的赛前抑郁状态主要表现为对比赛态度消极，提不起兴趣，意志消沉，打不起精神，注意力分散，动作呆板。这主要是对比赛缺乏信心，过高地估计对手，产生自卑心理。

以上比赛前的心理状态是最为常见的三种，作为一名高水平羽毛球运动员要善于激发自身的潜能，端正比赛态度，使自己获得最佳竞技状态。

2. 赛前的心理准备

(1)运动员要建立正确的心理定向，要注重自己的竞技状态，不要过分关注竞赛结果。对于运动员而言，每个人能够控制的只有自身的心理活动和行为表现，而场地、观众、裁判、对手甚至天气等都是外在因素，无从控制也无需过于关注。为了取得最佳的竞技状态，运动员要做的就是把注意力集中在自身的情绪控制和运动表现上，通过对内因的强大掌控，可以间接地影响外因，并发挥对自身有利的转变。因此，羽毛球运动员要将注意力集中于自身技战术上面而不是过度关注其他因素。

(2)在参加比赛前，羽毛球运动员还可以参加一些模拟赛来测试自身的竞技状态，也可以在心理上进行调试，提高他们的心理适应能力和心理承受能力，这样利于比赛中的发挥。

(3)教练员要制定周密的竞赛方案，考虑好竞赛中可能出现的情况和因素，并对运动员提前做好心理工作，让运动员在比赛前就对即将开始的比赛有整体上的预判，从而带着一定的"确定感"参加比赛，这对运动员的心理有一定的暗示作用，能提高运动员的心理水平。

(4)针对不同心理状态的运动员，教练员要采取针对性的心理训练手段提升运动员的心理水平，确保其在比赛中发挥出正常水平。

3. 赛前心理训练的要求

运动员进行赛前心理训练的主要目的在于做好充分的心理准备，良好的心理水平对运动员技战术水平的发挥具有极为重要的作用，有时甚至起到决定性作用。下面是运动员赛前心理训练的基本要求。

(1)知己知彼百战不殆。在赛前准备，是有针对性的准备，首先是要了解对手的实力，技战术优势和劣势分别是什么。然后，根据自身的技战术和基本状态，制定赛前心理训练的方案和措施。分析对手和自己的技术特征、战术部署和人员安排，根据对手情况来确定本方心理训练的内容。经过透彻地分析比赛双方的技术水平和战术意图，从而掌握双方的心理倾向，这样才能在比赛中占据主动，取得比赛的胜利。

(2)在模拟比赛中，可以根据运动员的薄弱环节，增加相应的难度，从而提高运动员的心理适应能力，待正式比赛时就能很好地应对各种突发状况，不至于紧张而影响发挥。

(3)教练员要针对参赛队员具体的心理障碍进行专门的心理训练，帮助他们学会调控心理的能力。

(4)羽毛球运动训练中要注重运动员意志力的培养，赛前也要注意这一点。因为具有坚强意志品质的运动员，即使在比赛形式非常不利的情况下，也能较好地发挥出拼搏精神，寻找反攻的机会，直到比赛结束。因此，赛前加强对运动员意志品质的培养也是十分必要的。

(5)赛前心力储备训练，在赛前要适当调节运动训练负荷，增加营养和休息，开展娱乐活动，来积蓄生理能量和心理能量，多进行心理训练，减少体力消耗，消除心理负担，学会自我调节与控制。

(二)赛中心理训练

1. 赛中的心理状态

(1)理想的心理状态

理想的心理状态指的就是运动员一直处于最佳竞技状态，且心理机制相对和谐，并具有较强的弹性进行协调，从而为运动员保持在最佳运动水平提供必要的条件。在心理状态良好时，运动员能够充分发挥技术能力，将注意力集中于比赛之中，不受外界因素的打扰，有利于取得理想的比赛成绩。

(2)不良的心理状态

不良的心理状态常常是由于自身训练不足，或者还存在较大的薄弱环节，因此在赛前心理总在打鼓，担心在比赛时被对手发现等；同时伴随这种心理的还会夸大对手的能力水平，无形中给自己造成不必要的心理压力；另外，就是对比赛的胜负看得过重，于是把过多的注意力放在了比赛的结果上，反而疏于对自身的准备。这样带来的消极后果就是缺乏自信、行动迟缓、发挥不良、畏缩不前以及注意力不能集中。

2. 赛中心理训练的内容与方法

(1)赛场心理调节

比赛中的心理调节非常重要，运动员如果能做到在比赛过程中维持和发展赛前的最佳心理状态，并根据比赛场上双方的变化，及时地进行调节，不让情绪出现过大的波动，甚至是负面情绪，那么在一定的程度上就能够控制比赛的表现。当然，赛中的心理调节需要教练员的配合和指导，根据赛场上的形式，和运动员的细微表现，教练应该及时捕捉到运动员的情绪变化，并进行及时疏导，向着积极的方向引导。通过把控队员的内心变化，运用暂停、换人、战术调整，语言、手势甚至眼神等来调节赛场上运动员的心理状态。

(2)赛中心理恢复

羽毛球比赛中，双方运动员要进行快速的攻防，对运动员的体力和精力都消耗极大，特别是当双方实力相当、比赛胶着的时候，更是对运动员全身心的考验。这时运动员就需要放松精神，转移注意力，摈除过度紧张的心理状态，全身心投入比赛之中。

(三)赛后心理训练

1. 赛后心理调整的意义

在经过激烈的比赛后，运动员的身心会感到极度的疲劳，因此，赛后不仅要做好充分的身体修整，还要做好心理的调节工作。作为教练，要承担起对运动员身心调节的指导者和监督者的角色。一场比赛的结束，意味着对下一场比赛的准备，因此赛后的心理恢复也是对下一场比赛的最佳的准备，会直接影响运动员在下一次比赛中的表现。一场比赛结束后，运动员的心理活动并没有结束，他们还会沉溺在上一次比赛的情绪中，无论是胜利还是失败，这种活动常常是隐藏于内心的，有时候运动员自己也会忽视。因此，就需要采取必要的手段与措施调整运动员的心理状态，消除他们的心理隐患，以有利于接下来的比赛。

2. 赛后心理调整的方法

(1)促进身心的全面恢复

一场比赛对运动员的身心消耗都是巨大的，比赛后，由于身体疲惫、心力耗损，这时候必须让运动员进行充分而科学的身心调整。它包括对身体能量的补充，充足的睡眠，及时的心理辅导等。所以赛后的恢复应该是全方位的，尤其是要通过多种心理训练，让运动员在比赛中紧绷着的神经放松下来，从而以更加积极的心态投入接下来的训练和比赛之中。

(2)肯定积极情绪

运动员在获得比赛胜利，尤其是重大比赛胜利后总会感到异常的兴奋，这是运动员经过长期刻苦训练后的成果。羽毛球是一项对人的体能、技术和战术要求都比较高的项目，球员付出的努力和汗水可想而知。而比赛的胜利就是对队员最好的肯定，也是对其他运动员最好的激励。教练应该善于运用比赛胜利这一激励作用，对运动员提出更高的要求，这有利于运动员的进一步发展。

(3)消除消极情绪

比赛有输有赢，获胜的一方兴奋激动，而失败的一方难免会出现一些消极情绪，出现这一情况时，教练员就需要对运动员进行情绪的干预和恢复。如果不及时干预，就会影响接下来的训练和比赛。教练员要及时地对队员进行情绪疏导，无论胜利还是失败，都要把心态放正，过往的已经成为事实，不可改变，而未来的比赛是可以通过努力而获得理想成绩的。

在平时的羽毛球训练和比赛中,也要注意培养运动员调节情绪的能力,这样,无论遇到怎么的情况,运动员都有能力进行应对,能够在最短的时间里让情绪平复,集中精力投入比赛。这需要教练员在日常的训练中,通过各种手段与措施对运动员进行思想教育,进行心理素质的训练,提高运动员自我调控情绪的能力。

三、运动员常见心理问题与调节

(一)抑郁心理与调节

1. 从运动员自身的角度出发

(1)学会宣泄情绪

运动员在出现一些负面情绪时会影响训练和比赛的顺利进行,因此一定要学会情绪自己的宣泄。当运动员感觉自己的情绪状态不对时,可以用大哭、大喊、写日记、和别人进行交流倾诉等方式将自己的情绪宣泄出来,这样自己的不良情绪就会有所改善。

(2)转移注意力

运动员在训练过程中,当感觉自己心情抑郁时,要学会及时地将自己的注意力从引发抑郁情绪的事物上转移开,避免自己一直陷入抑郁的情绪难以自拔。

(3)宽容对待自己

运动员要注重自己对训练和比赛的认真态度,客观地看待比赛的输赢。运动员应该学会宽容自己,即使输掉比赛也不苛责自己,越挫越勇。

2. 从教练的角度出发

(1)引导运动员进行自我诊断、自我调适

在平时的训练中,教练员要十分关注运动员的心理健康问题,引导运动员经常进行自我心理调适,帮助运动员排解情绪,保持心理健康。

(2)鼓励和肯定运动员的训练与比赛成果

一般来说,年轻运动员的自尊心都比较强,教练在平时的训练中应该多用积极的语言对运动员进行认可和鼓励,激发运动员的内在兴趣和内在动机,帮助运动员建立自尊和自信。

(3)制定科学合理的训练方案

压力也是导致人们患上抑郁症的一大因素,教练应该根据运动员的实际状况,在和运动员沟通的基础上制定科学合理的训练方案,既保证训练效果,又不给运动员过大的压力。

(4)引导运动员形成正确的输赢观

在平时的训练和比赛中,教练应该引导运动员正确看待比赛的输赢,胜不骄,败不馁,不过分纠结比赛的输赢,要对自身的竞技水平有一个客观地认识。

(二)焦虑心理与调节

1. 剖析原因

受各种因素的影响,运动员在训练和比赛中可能会出现一定的焦虑情绪,这时就需要分析焦虑产生的原因,才能对症下药,有针对性地解决心理问题。当产生焦虑情绪时,运动员可以寻找专业人员进行咨询和治疗,尽早的恢复正常心理状态。

2. 运用想象减轻焦虑

当运动员出现一些焦虑情绪时,可以在脑海中反复想象这些事物、场景以及自己在面对这些事物、场景时应该怎么做,通过反复想象降低这些事物对自己的刺激以及自己的敏感度来缓解焦虑情绪。运用想象法减轻焦虑的手段如图 5-3 所示。

3. 培养理性乐观的思维模式

运动员除了在平时加强自身的训练外,还要锻炼自己的思维,积极发现自己在看待运动训练的方式以及态度上的问题。能够客观对待比赛的胜负等,在之后的训练或比赛过程中有意识地进行纠正,逐渐培养正确的思维方式,这有利于运动员自身竞技水平的提升。

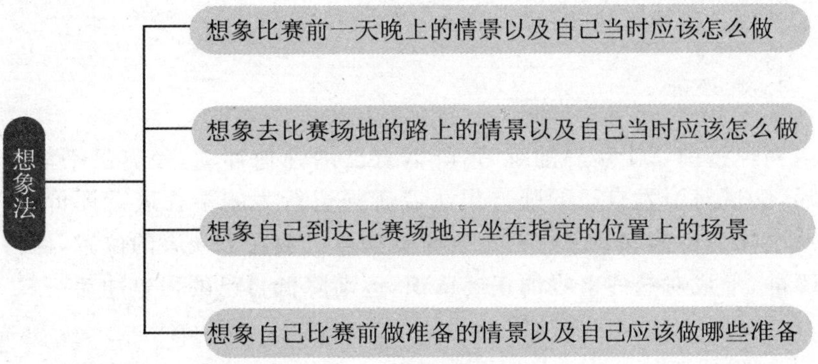

图 5-3　想象法减轻焦虑

(三)强迫心理与调节

1. 识别强迫思想和行为

对自己出现的每一个想法进行分析判断,识别出其中的强迫思想,这种思想的出现难以抑制,因此不必苛责自己,但是要学会拒绝对这种思想作出反应,将其只停留在“空想”上面;对自己的行为进行识别,发现自己正在开展强迫行为时要让自己镇定下来,停止自己的行为。

2. 学会正确为强迫想法归因

强迫想法是来自脑部生化的不平衡,是完全没有意义的,应该充分了解大脑在强迫表现中扮演的角色,知晓强迫想法是大脑的错误信息连接。降低自己对强迫想法的在意程度,学会忽略强迫的方法,逐渐帮助自己改善大脑的生化反应,使自己摆脱强迫症。

3. 学会及时转移注意力

当意识到自己又出现强迫的思想或者行为的时候,应该及时将自己的注意力转移到自己感兴趣并且有意义的事情上。比如发现自己想要反复洗手,就立刻开始做一些例如出门散步、听音乐、玩手机等事情,将自己的注意力从“想要洗手”这件事上转移开。可以对自己每次转移注意力的效果进行记录并评价,肯定自己的进步,对自己进行积极的心理暗示鼓励自己继续进步。

4. 再评价

当经过前三个步骤的练习，降低自己的强迫冲动，使自己平静下来之后，尝试对引发自己的强迫想法或者强迫行为的事物进行评价，了解这些事物的价值和意义。在评价时要将自己放在旁观者的位置，保持客观冷静，形成对这些事物的正确认识，逐渐降低自己的强迫冲动。

四、心理素质训练的要求

（1）心理素质训练要有计划性。心理素质训练应该有计划性、科学性，才能使整个心理训练过程得以顺利完成，急于求成或者松懈都会影响训练效果。

（2）心理素质训练要有针对性。心理素质训练应具有很强的针对性，并不是每个方面都要训练，只是针对个人的薄弱环节训练即可。

（3）心理素质训练要保证系统完整性。无论是身体技能的训练还是心理训练，都要遵循一定的系统进行，盲目地“点”式训练看似走了捷径，其实效果往往不能持续和长久。

第三节　高水平羽毛球运动员智能素质训练

一、一般智能的训练方法

一般智能是运动智能发展的基础条件，一般智能主要包括观察力、记忆力、思维和想象力等。

（一）观察力训练

观察力是指人们有意识、有目的地感知信息的能力。观察力是运动员的重要智力因素之一，在运动动作、技战术的学习，对手的分析，赛场环境的掌握等情境中都有着不可代替的作用。

运动员观察能力的培养，最有效的方式就是为其布置一定的观察任务，让其通过实践活动获得经验。在布置观察任务之前，教授运动员一定的观察方法和技巧，要求运动员在观察任务中使用并逐渐掌握这些方法和技巧，并鼓励运动员建立自己的观察方法。在运动员刚开始进行观察任务时，要给其以清晰细致的指导，如做好观察准备、列出观察计划、明确观察任务、指明观察的重点等。良好的观察力对于羽毛球运动员对比赛中球路的判断具有十分重要的作用。

（二）记忆力训练

记忆力是指人们识记、保持、再认识和重现客观事物所反映的内容和经验的能力，一般通过建立表象的速度和清晰程度、准确程度显示出来。记忆力训练在所有的运动项目训练中可以说都是至关重要的。

对运动员进行记忆力训练，最有效的方式也是布置训练任务，让运动员在实践中不断提高自己的记忆力水平。比如可以要求运动员在较短的时间内快速记住后场高球的击球要领；针对比赛中的具体情况提出问题等，以此培养和提高运动员的记忆力。

（三）思维和想象力训练

思维是构成智力的最核心的要素。对运动员进行思维和想象力的训练的最终目的是，使运动员掌握正确的思维规律，学会熟练运用自己的思维，提高自己的思维能力，改善大脑的结构功能。

思维和想象力训练的方法有以下几种。

(1)通过要求运动员有逻辑地进行比赛预测并分析解释自己的预测依据、要求运动员对比赛场上的信息进行加工综合等方式，锻炼运动员运用逻辑思维进行思考的能力。

(2)加强对运动员的形象记忆力和想象力的训练。比如组织一些人进行动作反应练习，要求运动员在这个过程中学会辨别动作的真伪，并总结经验；还可以要求运动员经常进行动作表象练习，重现或者重构一些动作和技术；加强对运动员的理论知识教育，培养运动员通过现象看本质的能力。

(3)注重培养运动员的直觉能力。鼓励运动员分享自己的新奇想法,支持运动员在某些场景中即兴发挥,培养运动员的创造思维。

(4)加强对运动员的思维速度的培养。随着竞技运动发展的深入,当今竞技比赛的激烈程度逐渐提升,在比赛中留给运动员的判断时间和反应时间非常短暂,这就要求运动员必须要不断加快自己的思维速度,快速应对比赛中发生的各种状况。对运动员进行思维速度训练的方法包括,要求运动员限时完成思维任务,要求运动员学会简化思维步骤,要求运动员开拓思维思路,培养运动员集中注意力的习惯等。

二、运动智能的训练方法

(一)传授基础知识的同时发展运动员的运动智能

(1)传授训练规律和训练原理相关的知识。训练规律和训练原理相关的知识,是从运动实践中总结、提炼以及发展出来的,是运动知识的精华。了解并掌握这些知识能够丰富运动员的知识储备,提高运动员的运动智能。

(2)多种教学方法结合运用。在理论知识的教学中使用多种教学方法,能够有针对性地发挥每种教学方法的优势,激发学生的学习兴趣,取得良好的教学效果。同样,多种教学方式的运用也有助于穿插在理论教学中的智能培训取得良好的效果。

(3)理论与实践相结合。理论知识的教学应该和实践活动相结合。一方面,单纯的理论知识教学稍显枯燥和单调,容易挫伤运动员的学习兴趣;另一方面,将理论知识教学和实践结合在一起,能够锻炼运动员将理论知识应用到实践中的实操能力,也能够使运动员更好的理解和掌握理论知识。

(二)传授专项理论知识时发展运动员的智能

(1)加强专项技战术分析和战术意识培养。在传授专项理论知识时,应该培养学生进行运动技术、战术分析的能力以及培养运动员的战术意识。比如，要求运动员观看一场比赛视频，对比赛中运动员使用的各种运动员技术进行分析，并指出运动员使用的战术，以及列举在这种比赛情境下能够使用的别的运动战术，以此来培养运动员的技战术分析能力和战术意识。

(2)全面熟悉运动比赛。对运动比赛的熟练程度也是影响运动员智能发展和发挥的重要因素，在专项理论知识的传授中，应该结合运动专项的特点，向运动员介绍所有和比赛相关的知识，使运动员全面熟悉运动比赛。比如通过向运动员介绍比赛规则、裁判方法等，发展运动员的适应能力；通过向运动员介绍比赛流程、比赛器械的使用方法等，发展运动员的实操能力，等等。

(3)全面了解各种知识。运动员应注意掌握训练计划、辅助措施、自我监控等知识。运动员要通过参与制订训练计划，发展自身的思维能力；通过学习卫生、保健和理疗，以及自我医务监督等知识，提高自身的自我保健的操作能力。

(三)在运动训练过程中发展运动员的智能

(1)科学组织训练过程应该要求运动员了解组织运动训练的相关知识，并让运动员参与到运动训练的组织过程中。引导运动员思考训练目标是否合理、训练计划是否科学、训练内容是否合适、训练方法是否有效、训练负荷是否在运动员的承担范围之内等，以增加运动员知识储备量的方式来促进其运动智能的发展和提高。

(2)加强对运动员的体能素质和运动技战术的训练。增强对运动员的体能素质训练和运动技战术训练，有助于发展其运动感知能力、运动表象能力、战术思维能力、适应能力、实际操作能力等，能够有效促进运动员智能水平的提高。

(3)经常进行实战演练。实战演练会模拟实际比赛的场地、氛围、流程、比赛方式等，运动员能够以严肃的态度对待实战演练，认真地将自己的训练成果展示出来。通过实战演练，能够发展运动员的实际操作能力、适应能力、观察能力、战术思维能力等，促进运动员的智能发展。

三、智能训练的基本要求

（一）将智能训练常规化、必要化

运动员的智能对于运动技能的提升和心理调节能力的发展都有非常重要的作用，应该重视运动智能的价值，将智能训练纳入到运动训练之中，并将其作为常规化、必要化的一部分，制定多年、全年、阶段、周课的智能训练计划，通过训练手段提升运动员的智能水平。

（二）提高运动员的认识

运动员是运动训练的主体，最终的训练效果都要通过运动员展现出来。如果运动员从心理上轻视某些训练内容的作用，自然难以以认真的态度和行为去进行训练。在过去的运动训练中，人们往往忽视了智能训练的价值，运动员对智能训练的重视程度也不够。想要改变这种状况，应该引导运动员认识并认可智能训练的作用，从心底重视智能训练，认真对待智能训练。

（三）建立智能测定和评价体系

智能测定和评价的结果是制定和调整智能训练计划的依据，因此制定专业的智能测定和评价体系十分有必要。对运动员的智能评定应该结合运动训练和运动比赛进行，在实践中考察运动员的智能水平，还可以借助一定的仪器设备，采用先进的科学方法等。

（四）因材施教

智能训练应该尊重运动员的个性化特征，比如运动员的年龄、文化水平、智商等，结合运动员的特征制定训练方案和训练计划，因材施教。只有这样才能符合运动员的智能发展规律、激发运动员的训练热情，取得良好的智能训练效果。

第六章　高水平羽毛球运动员的技术能力培养与训练

羽毛球运动是集速度、力量、耐力、灵活性于一身的隔网对抗项目，而且是一项技术性极高的球类运动项目。因此，羽毛球的技术训练是整体训练的重中之重，是决定羽毛球水平的关键环节。只有经过科学、扎实的技术训练，才有可能培养出高水平的羽毛球运动员。本章，将从羽毛球运动员的技术能力培养与训练、高水平羽毛球运动员技术训练、高水平羽毛球运动员技术能力的提高三方面进行详细阐述，目的是对我国羽毛球运动的进一步发展起到一定的推动作用。同时，希望对羽毛球运动员的技能提高带来积极的促进作用。

第一节　羽毛球技术概述

一、羽毛球技术的发展概述

（一）羽毛球技术的发展历程

1. 开创阶段

羽毛球最早起源于英国，20 世纪 30 年代是羽毛球技术的起步阶段。当时，英国的羽毛球发展领先全球，英国的羽毛球运动员几乎垄断了世界羽坛的霸主地位。尽管当时的羽毛球技术非常简单,仅仅有几种非常传统的打法,羽毛球的战术发展还完全谈不上。但是大概是由于英国是现代羽毛球的发源地,因此,在早期,英国一直占有明显的优势,当时英国的羽毛球技术水平要比其他国家高出很多。然而,随着现代羽毛球运动在世界范围内的不断普及,羽毛球运动在世界范围内迅速得到传播,当然,其中也离不开英国羽毛球运动员和爱好者的积极推广。很快,欧洲其他国家的羽毛球运动发展态势强劲。1939 年,英国羽毛球运动领先世界的局面被打破,被丹麦和加拿大的羽毛球运动员所取代。第 36 届全英羽毛球公开赛上,英国羽毛球运动员仅仅拿到一枚男女混双的金牌,而丹麦的羽毛球运动员包揽了第 37 届和第 38 届全英羽毛球公开赛的所有金牌。这是由于丹麦的羽毛球运动员在身体素质方面更胜一筹,而且他们在运用进攻型战术时具备明显优势,同时能够快速、准确地完成各项技术动作。

2. 全面发展阶段

到了 20 世纪 50 年代至 60 年代,羽毛球技术迎来了快速的、全面的发展时期。经过近 30 年的发展,欧洲的羽毛球技术迅速地传到亚洲,很快羽毛球在亚洲的一些国家快速发展,尤其是印尼和马来西亚两个国家。20 世纪 50 年代,以印度尼西亚和马来西亚为代表的国家的羽毛球运动员,在凭借拉球技术和吊球技术控制球落点的优势,在世界羽坛获得了令人瞩目的成绩。比如,马来西亚的羽毛球运动员庄友明和王炳顺,他们曾连续多次在汤姆斯杯赛和全英羽毛球公开赛中获得单打与双打的冠军。

由于亚洲运动员的加入,羽毛球技术的发展呈现出更加灵活、更加快速的特征。自 1958 年起,羽毛球技术的发展明显呈现出向着灵活性和快速性的特点发展。印尼羽毛球运动员陈友福擅长快速下压抢网和扣杀上网,这两项技术的横空出世明显地比传统技术更具杀伤力,很快,快速下压抢网和扣杀上网技术被推广到各个国家。随着印尼的羽毛球运动员多次赢得汤姆斯杯冠军,印尼的羽毛球地位也迅速攀升至世界羽坛的领先地位。

中国的羽毛球技术全面发展的时期并没有参与正式的世界羽毛球比赛,但是也许是东方人对羽毛球运动具有天然的优势,我国羽毛球技术水平在这个时期的提高也是十分明显的。以我国羽毛球运动员候加昌和汤仙虎为例，他们都很擅长快攻打法。运用快攻打法的运动员不光要加快脚步动作，同时要在发球抢攻、后场跳起扣杀后快速上网高点击球、两边起跳突击时加快脚步动作，这两名羽毛球运动员的快攻打法开创了羽毛球“快、狠、准、活”的技术风格。可以说，以中国运动员为主导的快攻打法，一经问世就领先于欧洲羽毛球运动员的传统打法以及印度尼西亚羽毛球运动员的打法。应该说，中国羽毛球运动员在一定程度上推动了世界羽毛球运动的发展。

20世纪60年代末至70年代初，中国的快攻打法不仅迅速普及到世界各地，而且世界羽坛也在专门研究中国快攻技术的特点，包括击球速度和进攻技术，这明显加快推动了新型羽毛球技术的产生和发展。其中双脚起跳扣球技术和劈杀技术，对世界羽毛球技术的发展产生了很大的推动作用。

3. 成熟发展阶段

到了20世纪80年代，羽毛球进入成熟发展时期。这时候，世界羽毛球先进技术的发展方向是进攻速度快、技术变化多样和技术全面。世界羽毛球运动员的整体水平已经得到质的突破，他们都在刻苦提高自身的技术水平，并努力钻研自身的打法，使自身技术更加全面的同时，争取打出个人风格。

此时，以丹麦为代表的欧洲国家的羽毛球技术特点是技术全面，控制能力和反控制能力较强，反手技术打法相当稳定，对运动员完成技术动作的速度加强训练，以进攻打法为主，步法移动快，可以娴熟运用网前高点搓球、头顶杀球以及推球技术，目的是有力地威胁到对手，为主动进攻创造条件。与此同时，欧洲羽毛球运动员的打拉吊的技术明显加快了速度，加强了进攻力量。合理控制对方后场有助于高效抢网和进攻，这是欧洲羽毛球运动员实施进攻时最显著的特征。

同时，亚洲各国羽毛球运动员的技术特征表现为可以快速完成技术动作，步伐移动灵活快速，擅长高点击球，进攻意图十分显著。其中快攻技术、强攻技术和突击技术十分娴熟。亚洲羽毛球运动员的控制能力和反控制能力也同样表现优秀，在进攻的过程中也会运用吊球技术和平高球技术。亚洲的羽毛球强国有中国、印度、韩国、马来西亚以及印尼等，这几个亚洲国家的羽毛球的技术特征表现为进攻技术丰富、多变、全面，大大丰富了羽毛球运动的技术性。

20世纪80年代初，这个时期世界范围内知名度较高的羽毛球运动员分别是韩健、林水镜、普拉卡什、苏吉亚托、米土木等。林水镜最典型的羽毛球技术特征是快速猛烈进攻，韩健最典型的羽毛球技术特征是严格控制了对方后场的进攻、将防守置于重要位置、可以为积极进攻提供便利。

另外，熊国宝、赵剑华、阿迪、杨阳、魏仁芳、罗天宁、朴柱奉等是20世纪80年代中后期的具有代表性的羽毛球运动员。他们分别代表了那个时期世界羽毛球的最高水平，并且他们的技术风格各有不同。阿迪、魏仁芳等人能够熟练运用各种打法，他们的技术达到了全面、快速、准确三个方面的要求，他们对这种打法的可持续发展产生了很大的推动作用。变速突击和拉吊进攻打法的主要代表是赵剑华和杨阳，这种打法是在“快准狠”打法的基础上逐步发展而来的。

至20世纪90年代，羽毛球项目被列入奥运会正式比赛项目。此时的羽毛球运动技术水平已经发展的相当成熟。而且随着羽毛球运动的快速发展，随后有更多更高的新技术出现。而且，每个国家都逐渐形成自己的独特风格，韩国以凶狠拼搏著称；马来西亚的西德克兄弟最擅长拉吊技术；中国以吴文凯和刘军为代表的快攻打法举世闻名。这些都是世界羽毛球技术发展的重要代表人物，以及他们所注入了很强的生命力。

由此，现代羽毛球运动的技术发挥，已经完成了从萌芽到发展再到成熟的重要历程。放眼全球的羽毛球的技术发展，它先后经历了由低水平发展至高水平，由单一性向着多样性发展，由死板向着灵活多变发展，由不完善到十分完善的发展阶段。截至目前，世界高水平羽毛球运动员的技术已经向着全面且个性分明的方向不断地发展。不同类型的技术打法都已经发展至较高的境界，这为推进羽毛球运动的进一步发展作出了必要的准备。

（二）羽毛球技术的发展走向

羽毛球运动是竞技体育的重要项目，也是小球体育运动中的关键项目之一，它成熟的技战术以及充满魅力的运动形式都促使羽毛球运动的发展受到世界各国的高度喜欢和支持。随着各个国家对羽毛球运动的重视，不断地有越来越多的人才涌入羽毛球这一运动，国家对羽毛球的发展投入大量的经费，许多社会团体也根据自身能力积极参与和推广羽毛球的发展，从而形成全面的、良好的发展氛围，使羽毛球运动的发展具有了坚实的社会基础，这无疑推动了羽毛球技战术的全面发展。就目前而言，羽毛球技术最主要的发展方向是速度快、突出特长、全面，具体如下。

1. 速度快

速度快是羽毛球技术发展的首要特点。它分别体现在启动快、反应快、击球快等几个方面。

(1)羽毛球运动员必须具有极其敏锐的反应能力，判断来球并作出回应的反应和动作要快。

(2)迎接来球的挥拍速度快、步法起动快、移动速度也要快，这是属于快的基础性条件。

(3)球速快，这属于快的终极目标之一。

2. 突出特长

每一位运动员都有自身的独特优势，无论来自身体条件，比如身材高大或者动作敏捷，还是来自其风格特点，比如进攻凶狠、掌控性强。总之，每个运动员都应该根据自身的情况不断发展自己的强项。因为，现代的羽毛球运动已经进入极高的竞技水平，这就要求运动员必须具备突出的某项技术和打法的优势，才能在高手如云的羽毛球竞技项目中占有一席之地。

3. 全面

羽毛球技术全面发展具体是指羽毛球运动员身体素质和心理素质、进攻技术和防守技术、单打技术和双打技术的全面发展。

综上所述，世界羽毛球技术的发展趋势主要是快速、全面、特点突出。在世界羽毛球技术多元化趋势日益显著的大背景下，世界羽坛会在多元化发展的过程中迎来全盛时期。

二、羽毛球的技术结构

羽毛球技术结构是指构成羽毛球技术的动作(或活动)之间的普遍联系以及相互影响的形式。通过对羽毛球技术的深层剖析,一方面可以有助于理解和认识羽毛球的技术特点;另一方面可以为羽毛球的技术教学做好准备。羽毛球的技术结构一般按照以下两方面进行分类。

(一)判断技术结构

判断技术结构是指在感官系统和神经系统的配合下,评价并判定运动员移动效果和击球效果的实际水平。举例来说,运动员同视觉观察将获得的观察信息传入神经,经大脑皮质的综合分析并将判断结果传达给运动系统,同时发出需作出相应回应的指令,这就是判断技术结构的具体表现。

判断技术机构是一个由多种因素构成的综合思维过程,其中全方位的分析是判断技术的重中之重。而全方位的分析又建立在全面、准确地观察的基础之上,然后再作出客观、准确的判断。整个过程需要运动员具有极高的智能水平、观察能力、稳定的心理素质以及扎实的理论水平和综合分析处理能力。因此,努力提升自身的视觉灵敏度、理论水平以及分析水平,这是对羽毛球技术掌握的必要条件,并且也会令运动员的技术发展得到快速提高。

(二)动作技术结构

羽毛球运动的动作技术结构:选位—引拍—迎球挥拍—球拍触球—随势挥拍—身体的协调放松还原。具体来说,选位是动作技术结构的基础,选位也是羽毛球技术的第一步,是其他技术的前提。正确选位的关键是准确理解移动和技术,此外羽毛球运动员熟练掌握持拍技术。当羽毛球运动员完成引拍动作时,一定要事先判断出击球力量和击球方向,在全面兼顾球拍触球的力度、角度以及速度的基础上,促使球的运动弧线朝着更加合理的方向发展。当运动员完成击球动作后,球的稳定程度和准确程度以及运动员身体协调放松程度都可以为运动员下次击球拥有充足的准备时间提供保障。运动员的击球质量能够对其动作协调性的掌握产生显著影响。

三、站位与持拍技术理论分析

(一)站位

站位是指羽毛球运动员在羽毛球场上站立的位置。然而,站位也许听起来简单,但是却是每一位羽毛球运动员都应当具备的基础性技能。这是因为,只有准确站位才能保证运动员的多项技术水平都得到良好的发挥。站位一般可分为受限制的站位与不受限制的站位。

(二)持拍技术

1. 持拍

持拍即手握拍的姿势技术,最常见的是正手技术和反手技术。需要注意的是,非握拍的手在过程中也有特点的动作技术,包括发球时候的持球和发球技术,以及击球过程中促使身体逐步平衡,由此使击球效率得到质的提升。正手技术与反手技术分别是指握拍手同侧技术和握拍手异侧技术。例如,对于右手握拍的羽毛球运动员来说,正手技术是指运动员击右侧球时运用的技术。

2. 拍形角度

拍形角度是指球拍面和地面形成的角度。拍面方向是指球拍的拍面所朝向的位置。拍形角度主要可分为拍面向下、拍面稍前倾、拍面前倾、拍面垂直、拍面后仰、拍面稍后仰、拍面向上七种类型。

3. 拍面方向

拍面方向可以划分成拍面朝左、拍面朝右、拍面朝前三种类型。羽毛球运动员熟练自如地控制拍面方向和拍形角度，是最基本的技术能力。并且，能否有效控制拍形角度和拍面方向直接决定着击球质量。在训练和比赛过程中，羽毛球运动员要随时地调整拍形角度和拍面方向，以配合最佳的击球需要。

四、羽毛球击球技术动作结构

羽毛球的击球技术是羽毛球运动的核心技术部分，其动作结构将普遍联系和相互作用的、组成完成击球技术的基本环节进行有效的连接。一般而言，羽毛球的击球技术分为以下两种。

（一）上肢技术动作

羽毛球运动的上肢技术动作非常丰富，无论是前场、中场、后场，上肢击球技术的结构分为准备姿势、引拍动作、击球动作和回收动作组成，具体如下。

1. 准备姿势

准备姿势是指击球前的预备状态。预备状态是为高质量的发球作出的第一步的准备，预备状态与站位和发球目的息息相关，是羽毛球运动员高质量完成引拍动作的前提。准备姿势必须保证达到隐蔽性要求和一致性要求。具体来说，后场击球、吊球或杀球等击球前的准备姿势往往都会选用同一种姿势侧身隐蔽准备，目的是迷惑或者混淆对手对发球的判断，通过虚实结合，让对手无法准确判断，造成一定的措手不及，从而争取控制赛场的主动权。简而言之，准备姿势除了为发球做好最佳准备之外，更重要的还具有迷惑对手的作用，从而增强发球威力。

2. 引拍动作

引拍动作是指羽毛球运动员在完成击球动作之前作出的持拍动作，目的是完成最佳的击球效果。在击球之前，一般地要将球拍引至击球方向的反方向，从而为发力和创造击球角度做好准备，因此要为调整拍面角度预留充足的空间。羽毛球运动员选用的击球技术方法和引拍动作，是一个灵动的过程，具体的动作选择会随着位置的变化而变化。

(1)前场击球

前场击球一般力量偏小，那么引拍的动作要更细腻、柔和，距离对手的距离更近，因此要设法将引拍幅度、引拍力度、引拍力量的变化控制到最小。注意隐蔽性和一致性的统一。

(2)后场击球

后场击球需要大力击球，因为羽毛球运动员在后场击球时需要有很大的力量，因此引拍动作要加大幅度，要尽可能使握拍手臂朝后引，以保证最终击球时的发力有所增强。

(3)中场击球

中场击球一般都速度偏快，这就要求引拍动作干净利落、轻快有力，此外要对引拍幅度进行有效控制。

3. 击球动作

当击球动作紧随引拍动作之后，当运动员完成引拍动作后，通过快速判定用力和角度的情况之后，则迅速挥拍击球，完成高质量的击球动作。击球是取胜的重要环节，运动员应注意以下几点。

(1)运动员的挥拍动作要保证质量，即对力度和方向有一定的准确性，对最佳击球点非常敏感。

(2)高质量完成挥拍的动作，努力保证挥拍速度和挥拍力度达到最佳效果。

(3)在击球的一瞬间，运动员一定要有效控制球拍，科学选用拍面，保证击球战术意识的正确性，确保上肢动作、下肢动作、躯干动作相互协调。

4. 回收动作

回收动作是指完成击球技术动作之后，运动员在惯性的作用下手臂往往会不自觉地向后方引，因此击球后运动员一定要有意识地快速收回球拍，回到击球前准确姿势的位置，为下次击球动作做好充足准备。

同时，回收动作要做到快速、及时，避免来回不断调整导致分散注意力。如果运动员的回收动作不能满足要求，那么将为下次击球带来更多的障碍，在下次击球前不可避免地要花很长时间来调整，从而降低了击球动作的效率和击球的质量。

（二）下肢步法动作

羽毛球运动中的下肢步法技术动作包括取位准备、判断起动、移动击球和回位步法等，具体如下。

1. 取位准备

下肢步法决定了运动员的站位，需要全面分析来球的落点和力度，以及自身击球的特征和击球习惯，然后作出快速回应，保证在对手击球之前就已经做好了位置选择工作和取位准备。取位需要同时满足主动和科学的双重标准，因为本质上取位就等同于先行半步，为快速移动步法做好准备。必须要说明的是，运动员在准备时一定要保持好一触即发的姿势，如此能够为接下来的起动提供便利。通常情况下，羽毛球运动员处于主动状态，则身体准备时的身体重心建议要适度提高；羽毛球运动员处于被动状态，则身体准备时的身体重心建议要适度降低。

2. 判断起动

从对手击球的一刹那开始，就要通过观察和判断，判定来球方向和落点，根据这一判断，快速起动。羽毛球运动员起动的速度需要极强的爆发力素质，一般来说，起动的实际速度会直接作用于步法移动速度的快慢。羽毛球运动员起动的要点不仅是速度快，还要带有一定的节奏。当球从对手拍面击出的一刹那，运动员就同时准备好了借助前脚掌的支撑力，和踝关节的灵活的转向能力，可以快速蹬地并站稳，在向来球方向起动的同时，也可以通过踝关节的灵敏调节而作出细微的调整，最终保证身体得到充分的起动加速度。当运动员判断的起动节奏过快或者过慢，都会降低自身的击球效率，为后面的技术动作增加难度，而且也增加了失误的可能性。

3. 移动击球

移动击球是指从起动位置朝击球位置移动且完成击球的整个过程。

运动员在移动击球过程中，要想得到最佳的击球效果需要注意以下几方面的要求。

(1)移动击球的要点是步法移动的速度和灵活性，这是运动员凭借自己丰富的经验以及对来球的性质判断，通过复杂的思维活动最终选择的运用并步、交叉步、大跨步、小垫步和跳跃步等步法，向最佳的击球位置移动。

(2)羽毛球运动员在移动击球时，尽量不要抬腿过高，应保持身体和平稳移动，双腿的上下动作要少，主要靠左右移动为主。否则会对平面移动速度产生消极作用。

(3)运动员在进行移动时，要基于严谨准确的判断之后再起动，不要盲目地试探性地移动。而且在移动时，尽量一步到位，不要二次或者多次调整，这是因为二次移动不仅会浪费时间，也消耗体能，羽毛球的激烈运动本身就对运动员的体能消耗巨大，因此运动员在场上应该有意识地保存体力，减少不必要的活动；另外，移步的距离是基于对来球的落点的判断，如果再次移动那么意味着引拍的角度和力度也要进行调整。这无疑为顺利击球造成障碍，而且很可能会错过最佳击球点。

(4)在羽毛球运动中，运动员在击球时往往都会采用跳步或者蹬跨步，这样可以提高击球的质量。

4. 回位步法

同样的，当运动员完成击球动作之后应快速调整身体重心，根据对手接球的情况判断回位的位置，并判断应采用的步法。一般情况，当运动员完成击球动作后，应立刻朝中心位置回动。如果运动员击球后未能在最佳时段完成回位，可能会影响下一次的击球动作和击球效果。还需要注意的是，运动员在回位过程中要保证回位步法的节奏与击球的节奏相一致。

(三)击球的技术动作分析

1. 击球路线

击球路线是指运动员将球击出后，球在空中运行的轨迹和场地之间的关系。羽毛球运动击球路线的非常复杂，比较频繁出现的几种路线有以下三种。

（1）从自己的右侧将球打到对方的左侧（球运行的线路基本与边线相平行）可称为直线。

（2）将球打到对手的右侧（球运行线路与边线有较大的角度）可称为对角线。

（3）打球到对方的中线（球运行线路与边线有较小的角度）可称为中路。

这三种线路在羽毛球运动中比较常见，无论正手击球还是反手击球同样适用。如果羽毛球运动员在中线击球，那么将球打到对方场区的左方为左方斜线、打到对方场区的右方为右方斜线、打到中间为中路球。

2. 击球点的判断

击球点的判断和选择对羽毛球运动员的成败至关重要。击球点是指击球过程中球拍和球接触那点的时间与空间位置。从某种程度来说，运动员有无正确选择击球点对击球质量有很大影响，同时击球点会直接影响击球的力量、速度、弧线以及落点，此外会严重影响运动员的击球命中率。击球点的判断失误会影响后续的很多技术动作的判断和选择。总之，运动员有无正确选择击球点会对其失分的可能性和击球的成功与失败产生很大的影响。

一名优秀的运动员，必须具备准确判断击球点的能力，在比赛中能够准确地掌握击球点，及时作出最合理的反击。选择击球点的判断依据有球拍与球的接触点距离地面的高度、接触点距离身体的前后距离、接触点距离身体的左右距离。运动员要想准确选择击球点，就一定要坚定不移地提高自身的判断力以及灵敏步法，只有这样才能以最快速度调整至最佳位置击球。

3. 击球的动作

击球技术不仅决定击球的质量，而且还是对手进行判断的重要依据。当运动员运用的技术存在差异时，往往能产生迷惑对方的作用，一旦对方作出错误判断，则运动员可以借此攻其不备。对于前场技术、中场技术、后场技术来说，羽毛球运动员都有必要尽最大努力追求相似技术动作的一致性，由此为自身击球的质量提供保障。

4. 击球的速度

除了少数情况，击球的速度一般都追求越快越好，球的速度越快，给对手的反应时间越短，球的力度也越大，质量也越高。对于羽毛球运动员的击球速度来说，重点是以最快速度判断、移动以及击球，重中之重是一定要以最快速度回球。当运动员在同一时间内提高回球的"绝对速度"和高回球的"相对速度"时，才有可能向对方实施有力攻击，推动对手处于被动状态。对于绝对速度而言，击球力量是绝对速度的决定性因素；间接速度理解难度大，对对方击球位置与击球手段、击球时间、击球力量、弧线的高低、落点的远近都提出了具体性要求。

5. 球的落点

通过对击球动作和角度的观察，羽毛球运动员需要立即判断出球的落点，然后选择合适的步法移动以及启动的时机。球被击出后落在对方场区的某个地方，即所谓的球的落点。一般而言，通常把落点划分成对方场区的前场、中场、后场，然后前场、中场、后场又再次分为左区、中区、右区三个部分，也就是说，羽毛球的落点可以分为九个击球区。在羽毛球运动的比赛过程中或者训练过程中，运动员达到技战术训练要求的标准是对球的落点实施有目的、有计划地控制，另外要将球击到九个击球区的周边。

同时，运动员在日常训练中，会非常注重对落点的准确执行和判断，即将准确性和攻击性集于一体。像林丹这样的羽毛球大师级运动员，不仅可以将球打入9个区，甚至可以准确地打入某个点，真正做到指哪打哪。当然，落点会直接反映了球的"狠、准、活"三个层面。因此，高水平羽毛球运动员一定要增强有效控制落点的能力，在击球过程中多在控制球的落点上下功夫。

就羽毛球技术研究而言，落点研究一直以来都是一项显著特征，具体是指"快、狠、准、活"。"准""活"具体表现为球的效果是落点准且多、灵活多变。运动员想要使自身的运动成绩获得大幅度提高，就一定要具备将球击到各个落点区以及变换击球落点的能力。

对落点的有力控制可以根据对手的弱点实施强有力的攻击，对于高水平的羽毛球运动员，可以精准地判断并实施球的落点，让对手难以回接并且球又能安全地落入场内，因此，准确的落点可以形成非常致命的攻击。每一位羽毛球运动员都害怕对手攻击自己的弱点，具体包括攻击追身球、过头球、双打两名队员站位的结合处等，羽毛球运动员的这些地方往往都相对薄弱一些。因此，运动员在击球过程中一定要借助多种方式保证落点位于对方弱点区，如此才能大大增加获胜的可能性。

总之，羽毛球的击球技术非常复杂多样，每一种技术并非单独使用，需要结合其他技术一起实施，因此又增加了它的复杂性。几项技术之间存在着相互制约、相互依存、无法替代的关系。但最重要的是击球质量和命中率之间的联系，运动员要尽最大努力使自身达到质量和命中率都高的双重要求，这样能够有效地推进训练目标的达成进程，促使运动员的击球技术动作水平得到质的飞跃，最终赢得比赛的胜利。

第二节　高水平羽毛球运动员技术训练

一、发球技术

（一）发球技术

1. 正手发球

（1）发高远球

发球的时候，以右手持拍为例，左手把球举在身体的靠右前方，右手做好引拍的准备，待左手放球落下，右手迅速击球。挥拍的右手是由大臂带动小臂，从右后方向前，往左前上方挥动。当大臂开始挥动的同时，身体重心也慢慢从原来支撑重心的右脚转移至左脚。在球落在击球人手臂向下自然伸直可以和球接触的瞬间，把球拍牢牢握紧，同时借助手腕力量朝前上方鞭打用力击球，在击出球的过程中，手臂朝左上方挥动，完成击球动作后身体重心逐步从右脚转移到左脚，身体稍稍朝前方倾斜。

(2)发平高球

运动员在发平高球的一瞬间，前臂通过加速来促使手腕朝前上方挥动，拍面倾斜方向应当是前上方，主要用力是向前用力。运动员在挥拍击球的过程中，击球动作比发高远球的动作略小。平高球的目的是给对手制造接球难度，平高球的理想弧线是造成对方难以拍击到球的高度，同时需要落到对方场区底线内。

(二)发球技术训练方法

(1)先徒手练习发球之前的准备姿势，对发球动作实施进行有效模仿，体会发球的力度和角度的把握。

(2)运动员在墙边50厘米的位置站好，身体右侧朝墙，练习挥拍的动作，尽可能拉近挥拍路线和右腿之间的距离，找到自己的最佳用力角度，以及体会不同角度的手臂摆动的细微区别。

(3)使用多球练习精确发球。

(4)两人对练发球。

二、网前技术

接网前球是指轻轻一托或一击，球向上弹起后恰好过网落下，称为接网前球。这种技术通常是在不能及时移动到较高位置上击球而被动使用的。高质量的放网技术可以变被动为主动，使对方处于被动状态。放网前球按其技术可分为正手网前球和反手网前球两种。

(一)网前搓球技术

网前搓球是指在网前利用手指和手腕的力量切击球托，使球受力后旋转但水平运动轨迹较短就以翻滚过网落地的击球技术。搓球技术是在放网技术的基础上发展起来的，搓球的最大特点是改变球的大起大落的运动轨迹，使它产生异常的飞行轨迹，让对手措手不及，且带来直接的回球困难，从而获得主动进攻的机会。根据搓球的方向不同，按其技术可分为正手和反手搓球两种。

1. 正手搓球

动作方法：根据来球路线与落点，运动员快速移动到合适的击球位置。保持侧身对网，拍面也平行网且略向下，伸臂举拍时微屈肘，击球时，以肘关节为轴，前臂外旋，腕部由展腕至收腕“抖动”，加快挥拍速度，体现“搓切”的动作，击球托的右下点部，使球翻滚过网，击球后还原成准备姿势。

2. 反手搓球

动作方法：移动到位，反手握拍，前臂稍上举，手腕前屈至网高处，使手背高于拍面。搓球时，主要是用小臂的外旋和手腕内收并外展的合力，搓击球托的右后侧底部，使球侧旋滚动过网，击球后，还原成准备姿势。

3. 网前搓球训练方法

(1)原地搓小球挥拍练习：每组 10～15 次，练习 3～5 组。

(2)跨步击球练习：每组 10～15 次，练习 3～5 组。练习过程中，要体会和巩固正确的击球动作，掌握移动击球的节奏挥拍的动作也快，且动作幅度小。

(3)多球练习：两人配合练习，一人站网前抛网前球，一人练习搓球。每组 20 次练习 5 组，两人交换练习。练习目的是提高原地搓球的稳定性，注意摩擦球托是在击球的瞬间。

(4)定点对搓练习：在多球练习的基础上增加搓球回中的动作，然后反复上网搓球。加强搓球技术的稳定性并使之定型，提高移动击球的能力。

(5)不定点搓球练习：一人站在网前的中间位置配合投球，将球向练习者的网前两点随机抛出，练习者上网搓球然后回中。注意快速上网的搓球点和快速退回中场的能力。每人练习 50 个球，两人交换练习。

放网技术练习与搓网前小球的练习方法相同。徒手挥拍体会放网动作之后，先原地放网，然后定点移动放网，最后练两点移动放网。

(6)易犯错误：

①搓球部位不对，不是球托底部或侧底部，导致球并不旋转。

②握拍时手心没留空间，搓球时没有捻动动作。

③击球动作过大，击球点不高且离网远。

(7)常见错误与纠正：

错误一：击球时，拍面后仰的角度不够。

纠正：练习用慢搓来回击对方的球，体会拍面后仰前送的动作。

错误二：击球瞬间没击到球托的正确位置，球不翻转。

纠正：和同伴练习对搓，体会拍面击球托的动作。

错误三：弹击球，握拍太紧，动作僵硬。

纠正：体会手臂放松的感觉。

错误四：动作过大，用前臂弹击球。

纠正：按照搓球的要求，反复练习搓球的动作，体验手腕动作。

(二)网前勾球技术

网前勾对角球是一种技巧性较高的技术，最大特点是身体的移动方向与出球的方向不一致，因此会给对手带来一定的迷惑性，从而为接球带来阻碍。网前勾对角是羽毛球网前技术中手法比较细腻的技术之一。

勾球按其技术可分为正手和反手勾球两种。根据击球点所处的高低位置不同，一般分为网前高手位勾对角球和低手位勾对角球两种击球方式。

高手位主动击球时，可以突然使来球改变飞行的路线，从而迫使对方改变原来的移动方式。球路的突然变化往往能够出其不意，增大对方移动和还击的难度。

低手位被动勾对角线时。往往能够达到“峰回路转”的效果，球的飞行轨迹避开对方网前的直线封网，避其锋芒，置于死地而后生。

在比赛中灵活运用勾对角技术，通常用其来对付场上直线移动速度较快、但身体转动不够灵活的大个子对手。

1. 正手勾球

准备动作时身体移动至右网前，球拍随上臂向右前方斜平举，同时前臂稍有外旋，手腕稍后伸，右手握拍将拍柄稍向外捻动，使拇指指腹贴在拍柄的内侧宽面，食指的第二指节贴在拍柄的外侧宽面上，掌心空出。击球时，靠前臂稍有内旋，并往左拉收。手腕由微伸至内收抖腕，手腕要控制好拍面角度，击球托的右侧下部，使球沿着网的对角飞行至对方网前角落，击球后还原成准备姿势。

2. 反手勾球

动作方法：移动至左网前，反手握拍，上臂前伸拍子平举。击球时，拍面正对来球，肘部突然下沉，上臂稍外旋，手腕后伸闪腕，拇指与中指向右转动拍柄，其他手指突然握紧拍柄，拨击球托的左侧下部，使球飞越过网至对角处，击球后，球拍往右侧前回收至准备姿势。

勾对角线球的技术关键：伸腕或屈腕的动作要突然、短小、快速、使拍面对着出球方向。

3. 练习方法

(1)过网高度练习

过网高度的控制可以用下沉手腕、直立拍头的方式实现。球飞行过网较高的话，将球拍角度调整得更直立。这样球过网飞行相对较平。如果击球点较低或球不过网，可以将球拍拍面上扬，使球飞行弧线高一些。

练习时，不做引拍动作，球拍直立。多球练习，掌握勾球过网的高度。每组 20～30 次，每次练习 2～3 组。

(2)击球力度的练习

网前勾球的击球发力主要依靠手腕和手指来完成。手腕的挥拍动作主要是控制方向，球飞行的速度和飞行的距离主要依靠手指的发力控制。

练习时，击球拍面控制稳定后，用手指的力量快速地推送击球。每组 20 次，练习 3 组。

(3)贴近球网练习

勾球落点越贴近球网。对手需要移动的距离越长回球难度越大。球拍击球时，拍面尽可能地垂直对网。

练习时，球拍拍头垂直对网，拍头从右至左轻轻挥动。每组 20 次，练习 3 组。

(4)斜拍面切击练习

适当增加斜拍面的切击,可以使球加快自转速度,球飞行过网更加稳定。

练习时,原地多球勾球练习。击球时,手腕增加外旋动作,使拍面切击球托的右外侧。每组 20 次,练习 3 组。

(5)固定目标反向瞄准练习

在距离勾球落点区域放置一个球筒为目标。每次练习勾球后,在击球落点和球筒目标之间画上直线,并将直线延长到落点和球筒间的相同距离。在直线末端为新的击球目标。每组 20 次,练习 3 组。

(6)多球勾球练习

原地多球勾球练习。能提高对拍面的控制。加强对力度的控制能力。

练习时,正反手各 30 次,练习 3 组。

(7)勾、放结合练习

这两种都是前场技术,练习抢网动作的一致性。引拍和击球动作不同,通过交替技术练习,能提高手腕动作的灵活性,增强网前技术的快速变化。

练习时,每组 20 次,练习 3 组。

(8)勾、挑结合练习

挑球技术是向前送,发力较大;勾球技术指向斜线,力量小。这是两种不同的动作,结合练习时,对力量的灵活掌控和对拍面的变化调整有较大的难度。一旦熟练掌握,能使前场控球能力和球路变化有很大提高。

开始练习时,交替练习一个挑球、一个勾球。熟练掌握后,可以根据喂球的质量来选择挑球还是勾球。每组 20 次,练习 3 组。

(三)网前推球技术

推球是把对方击来的网前球推击到对方的后场两底角去。球飞行的弧线较低平,速度较快,可以制造让对方措手不及的局面。

1. 推直线

网前推球常见的有网前推直线,球飞来时球拍向右侧前上举,在肘关节微屈回收时，小臂稍外旋，球拍也随着往右稍下后摆，拍面正对来球。小指和无名指稍松开，使拍柄稍离开手掌鱼际肌，拇指和食指稍向外捻动拍柄，拍面更为后仰。

2. 正手推对角线球

正手推对角线技术的准备姿势和击球前动作与推直线相同，只是击球时击球点有所区别，击球点在右肩前上，要推击球托的右侧后部，使球沿对角线方向飞出，注意拍面的角度，闪腕时手臂不要完全伸直。

3. 反手推直线球

在网前较高的击球点上可以用反手推直线球技术，此时反手握拍，用推击的方法向对方底线击出弧度较平、速度较快的球。注意反手持拍时前臂稍外旋，手腕由外展至伸直闪腕，中指、无名指和小指突然握紧拍柄，拇指顶压球拍，往前挥拍，推击球托的左侧面。

4. 反手推对角线

反手推对角线的技术可参见前面推直线球的技术要点，但要注意在击球的瞬间记得急速向右前方挥拍，推击球的左侧后部，这样才使球沿对角线方向飞行。

（四）网前扑球技术

扑球是指当来球在网顶上方时，能以最快的速度上网扑压来球的技术动作。扑球可分为正手扑球和反手扑球两种。扑球在网前进攻技术中是威胁较大的一种技术。扑球的关键在于“快”。

首先取决于判断快，一经作出判断，即要求起动快并采用蹬跨步或跳步上网，同时出手快，抓住来球在网顶的最高点机会出手，以迅雷不及掩耳之势，一举解决战斗。

1. 正手网前扑球技术

身体腾空跃起或右脚蹬跨的同时，前臂往前上方举起，球拍正对来球方向。击球时，随着手臂由屈至伸，手腕由后伸至向前闪动及手指的顶压，将球扑下。其中手腕是控制力量的关键，挥拍距离短，动作小，爆发力强，扑击的球才会具有一定威胁。如果球离网顶较近，就采用“滑动式”扑球方式，用手腕从右向左将球摸压下去，这样可以避免球拍触网犯规。扑球后，注意腿上的缓冲，控制重心，以免身体触网。

2. 反手网前扑球技术

反手握拍，持于左侧前。当身体跃起或蹬跨上网时，球拍随前臂前伸而举起，手腕微屈，拇指顶压在拍柄觅面上，其他四指自然并拢，拍面正对来球。击球时，手臂由屈至伸，手腕由微战至后伸并用力闪动，拇指顶压，加速挥拍扑击。击球后，球拍随手臂回收至体前。

（五）网前挑球技术

挑球是应对吊球或网前球的主要技术，可以将球挑高回击到对方后场去，属于一种防守性技术。挑球有正手挑球和反手挑球两种。

1. 正手网前挑球技术

准备动作同正手放网前球动作类似，击球前前臂充分外旋，手腕尽量后伸。从右下向右前方至左上方挥拍击球。然后根据场上的情况，选择跳球的方向。比如，若球拍向右前上方挥动，挑出的是直线高球，若球拍向左前方挥动，挑出的则是对角高球。

2. 反手网前挑球技术

准备姿势同反手放网前球动作。击球前右臂往后拉抬肘引拍。当前臂充分内旋且手腕由屈至后伸闪动迅速用力挥拍击球。此时根据具体情况决定球拍的挥动方向。若球拍由左下向左前上方挥动，则球向直线方向飞行，若球拍由左下向右前上方挥动，则球向对角线方向飞行。

需要注意的是，前场技术常常存在一些问题，包括手腕与手指运用不当，不是用力过猛，就是扣面控制不好，使击出的球离网太高、太远或落网。或者站位离网过近而妨碍了击球动作的发挥。

羽毛球网前击球技术对手感的要求较高，需要经过长时间的训练，在大训练的间隙，可以做空拍练习，可以培养自己的手感。成熟的羽毛球运动员常常达到一种球拍与自己合体的感觉，球拍好像成为身体的一部分，人拍合一，运用自如。

三、后场击球技术

（一）高远球技术

以较高的弧线将来球击到对方场区底线附近叫击高远球。高远球的特点是球的弧线高、在空中飞行的时间长，一般常用高远球逼迫对手远离中心位置退到底线。这样即可以减弱对方进攻的威力，为下一步的进攻寻找机会。同时，让对手被动应对，要想重新调整站位、夺回控制权则需要多一些努力和时间。高远球分为正手高远球、反手击高远球和头顶高远球。

1. 正手击高远球技术

正手高远球是羽毛球击高远球技术中的基础。

首先需要判断来球的方向和落点，同样以右手持牌为例，此时需侧身后退使球处于自己右肩稍前上方的位置，左肩对网，左脚在前，右脚在后，重心在右脚上，左臂屈肘。右手持拍，大小臂自然弯曲，将球拍举在右肩上方，两眼注视来球，等待最佳击球时机。击球时，大臂后引，随之关节上提明显高于肩部，将球拍后引至头后。此时后脚蹬地、转体，借助腰腹的核心力量以肩为轴，大臂带动小臂快速向前上方甩动手腕，在手臂伸直的最高点击球。击球后，持拍手臂顺势收拍至体前。然后左脚后撤，双脚保持同一水平，身体重心也由后脚收回。

击正手击高远球时可以用起跳，也可以不起跳。起跳可以争取高点击球能够在时间上获得主动，但是也需要消耗更多的体力，而且对于步法技术也有较高的要求。因此，相对而言不起跳的正手击高远球简单一些，待熟练掌技术之后，可以根据场上情况和体力情况选择跳起正手击高远球。

2. 反手击高远球技术

当对方将球击到本方左后场内，以反手将球击回对方底线去的高远球击球法称之反手击高远球。它的特点是节省体力，对步法要求也不高，在被动情况下，可采用反手击高远球过渡，帮助自己重新调整站位。

反手击高远球的技术，也要先判断来球的方向和落点，然后迅速侧身，右脚前交叉跨到左侧底线，背对网，身体重心在右脚上，使球在身体的右肩上方。击球前，由正手握拍迅速换为反手握拍，并持拍于胸前，拍面朝上。击球时，双腿稳定身体，大臂努力前伸并带动小臂用力，在最后用力时，要注意拇指的侧压力与甩腕的配合，同时还要利用两腿的蹬地、转体等协调全身用力。

3. 头顶击高远球技术

在自己的左后场区，用正手在头顶中间部位或在左肩上方将来球击到对方底线去的高远球击球法称头顶击高远球。这种击球动作具有更大的攻击性，选择头顶击高远球有时候也会给对手带来接球的难度，这是我国运动员对羽毛球技术发展作出的一项贡献。

击球前的准备姿势以及击球动作同正手击高远球基本一致。不同的是头顶击高远球的击球点在左肩上方。选好站位并准备击球时，也需要侧身稍左后仰。击球时大臂带动小臂使球绕过头顶，从左上方向前加速挥动，借助手腕的爆发力以及蹬地带来的助力大力击球。击球后，左脚在身后着地并立即回蹬，重心回到身体中心。

头顶击高远球对步法、整体的协调能力有较高的要求，如果熟练掌握后可以大大提高在左后场区击球的攻击性。

4. 练习方法

两人配合练习，一人在对方场地发高远球，一人练习击高远球，注意体会手臂、腿和腰胯的配合。同时还要注意击球点的选择，稍微偏前或者偏后都会影响击球效果。分别练习正手、反手和头顶击高远球。一人练习 50 个球后交换练习，开始先不要练习跳起的高远球，先专心练习其他技术特点。

（二）杀球技术

杀球是一种威胁很大的打法，是指把来球在尽量高的击球点上快速且大力地斜压下去，它的特点是弧线直、落地快，往往给对手一个措手不及的反击。杀球也是进攻的主要技术。杀球分为正手杀直线和对角线球、头顶杀直线和对角线球、正手腾空突击杀直线球和反手杀直线球。

1. 正手杀直线球（侧身起跳）

正手杀直线球的准备姿势和动作要领与正手击高球基本相同。由于要在球的最高点击球，因此需要起跳动作，那么在站位到位后屈膝下降重心，准备起跳。侧身起跳时，往右上方提肩带动上臂、前臂和球拍上举，以便向上伸展身体。起跳后，身体后仰挺胸成反弓形，这是为增加正手杀的击球力度做准备。接着右上臂往右后上摆起，前臂自然后摆，前臂带动球拍由上往后下挥动，此时注意时握拍要松。随后凌空转体收腹带动右上臂往右上摆起，肘部领先，前臂全速往前上挥动，带动球拍高速前挥。当击球点在肩的前上方时，前臂内旋，腕前屈微收，闪腕发力杀球。击球前的瞬间应该让手指突然抓紧拍柄，把手腕的爆发力集中到击球点上。球拍和击球方向水平面的夹角小于 90°，球拍正面击球托的后部，使球直线下行。杀球后，前臂随惯性往体前收。在回位过程中将球拍回收至胸前。

2. 反手杀直线球

准备姿势和动作要领与反拍击高球相同。不同点是击球前的挥拍用力要大，击球瞬间球拍与杀球方向的水平面夹角小于 90°。

3. 腾空突击杀直线球

侧身右脚后退一步准备起跳。起跳后，身体向右后方腾起，上身右后仰或反弓形，右臂右上抬，肩尽量后拉。击球时，前臂全速往上摆起，手腕从后伸经前臂内旋至屈收，同时握紧球拍压腕产生爆发力，高速向前下击球。突击扣杀后，右脚在右侧着地屈膝缓冲，重心在右脚前，右脚在左侧前着地，利用左脚蹬地向中心位置回动，手臂随惯性自然往体前回收。

(三)平抽球技术

平抽球是把位于身体两侧、高度在肩部以下、腰部以上位置的球用抽击的动作使其过网,球过网便向下飞行。平抽球具有攻击性强、速度快、飞行弧度平、落点较远的特点。平抽球技术是双打的主要技术。

1. 正手平抽球技术

正手平抽球是用正手握拍以正拍面将位于身体右侧、高度在肩部以下、腰部以上位置的球用抽击的动作使其过网的一种击球技术。

正手平抽球的准备姿势相对简单,运用正手上网步法向来球方向移动,当右脚向前蹬跨时,持拍手于胸前准备击球的姿势,且争取较高的击球点。左手此时应随机摆动,目的是保持身体的平衡,在右手用力时缓解击球带来的后坐力。

引拍时右脚向左侧迈出一小步,上体稍向右侧倾斜,右臂向右侧上摆,球拍随着上举,左脚跟提起。前臂稍向后摆带有外旋,手腕从稍外展至后伸,使球拍引至后下方,完成向前挥拍的最长工作距离。然后前臂急速向右侧前挥动,从外旋转为内旋,手腕由后伸至闪腕,用力挥拍击球。击球后身体随着惯性略向左倾斜,左脚往前跟进一步,调整重心,准备迎接下一个来球。

2. 反手平抽球技术

反手平抽球技术与正手平抽技术相似,只是用反手持拍,并且以反拍面位于身体左侧,用以击打大约在肩部以下且腰部以上位置的来球,反手平抽的球速很快,也是较容易掌握的一项击球技术。

准备姿势与正手动作相同。引拍动作是左脚向左前跨一步,身体稍向左转,前臂往身前收,肘部稍上抬,前臂内旋将球拍引至左侧。在击球的瞬间,前臂挥拍的同时向外旋,手指突然紧握拍柄,拇指前顶,使球拍击球托后底部。击球后球拍顺势挥向右侧,然后还原至胸前,准备迎接下一个来球。

第三节　高水平羽毛球运动员技术能力的提高

高水平羽毛球运动的技术已经达到了相当高的水平，他们的各项能力已经基本趋于稳定，但是这并非意味着他们已经没有提高的空间。实际上，要想提高已经具备一流水平的运动员的技术能力，往往需要从两个方面着手，通过一定时间的训练，可以在整体上让他们的羽毛球专项技能得到明显提高。

一、提高技术水平的有效训练法——多球训练法

（一）多球训练法的特点

多球训练法是羽毛球训练过程中比较常见的一种训练方式，通过利用多个羽毛球开展训练，增强训练的强度和难度，同时教练还可以灵活地调整训练内容，实现有针对性地提高球员技术的目的。其中重点采用不同频率的发球方式不停地对运动员发球，能够有效训练运动员对不同速度、不同高度的羽毛球的控制，加强其控球能力。

还可以通过将部分羽毛球按照固定或者半固定的方式进行训练，始终利用不同角度、不同高度进行不断的供球，但其中又适当地改变羽毛球的速度以及间隙能够加强运动员对不同球的反应能力，有利于提高其反应水平。比起其他的训练方式而言，多球训练法能够有效提高运动员的反应能力，也能提高运动员的训练强度，有利于提高其控球水平，尤其对于高水平羽毛球运动员而言，多球训练是非常高效的训练方式。

（二）多球训练法的原理

多球训练法采用多个球同时训练，最简单的有定点击球和移动击球

两种方式，不同的击球方式，其对运动员的训练目的不同。通过利用多球训练，能够锻炼运动员对不同角度、不同速度的羽毛球的机动能力、反应能力，另外再结合其他训练方法，对提高运动员的羽毛球专项技能有重要价值。高水平羽毛球运动员经常会采取多球训练法，无论提高应变能力、技术稳定性还是极限挑战，多球训练法都可以胜任，因此，是一项必须重视的训练方法。多球训练法具有很大的潜力，教练员可以多花时间和精力进行研发，从而提高训练效率。

（三）多球训练法的作用

通过开展多球训练法的训练，能够有效提高运动员的羽毛球专项技能，特别是高水平运动员，他们需要高强度、高难度的训练，才能让技术得到进一步的提升，突破自身的瓶颈。一个运动员的羽毛球训练强度一般是从弱到强，其专业技术也是从低到高。然而无论哪个水平阶段的运动员，都可以采用多球训练法。通过多球训练法，将训练的难度从低到高进行过渡，能够让运动员更容易接受练习方法，并且该方法还有利于不同水平的运动员开展训练，针对初级运动员可采用一球一击的多球训练方式，这种难度较低的训练方式，能更好地帮助运动员熟悉训练方法。针对技术水平较高的运动员，通过采用混合型多球训练方法能够更好地提升身体协调能力。

在训练的过程中，由于教练给出的球的频率不同、落点不同、速度也不同，其灵活性使得运动员在训练的过程中不仅要密切注意球的动态，还需要有意识地提前做好身体姿势的调整以及相应的击球准备，运动员通过预判球可能掉落的方向以及速度，尽快实现身体姿势的调动，能够逐渐训练运动员越来越高的身体素质和协调能力，另外通过利用多球训练法，还能够锻炼运动员对羽毛球的判断能力。

（四）多球训练法的注意事项

在对运动员开展多球训练的过程中，一定要考虑到运动员水平的差异以及技术水平的高低，最好能够根据其现有水平层次进行分组开展多球训练，并且在训练过程中一定要遵循从易到难，从慢到快的原则，确保运动员在掌握了手法技术之后，再进行下一阶段的练习。

通过不定期考核的方式了解学生训练情况，再进一步制订针对性的训练方案、确保训练的有效性。在开展训练的过程中，还需要学生运动员多球结合步伐练习，要注意固定球路、半固定球路训练的合理安排。

二、提高技术水平的重点——核心力量训练

当羽毛球运动员的技能达到一定的水平之后，尽管对单项技术已经掌握得非常熟练，但是整体上总觉得遇到瓶颈，难以提高。这种情况往往需要从提高功能性力量的训练包括核心力量和腿部力量的训练而实现。因为，强大的核心力量是潜在了决定运动员运动水平的重要因素。通过对功能性核心力量的训练，可以增强运动员的平衡能力、提高运动员的速度以及发球的质量。而腿部力量也是决定各种站位与起步质量的关键因素，是运动员在高强度比赛中保持场上灵活度的关键能力素质。

（一）平板支撑

平板支撑可以很好地提高运动员的腹部、胸部以及背部和腿部的核心肌群的力量，对提高运动员的发球力度、起跳速率以及平衡与协调都具有非常重要的作用。因此，高水平运动员在各项技术已经趋于相当高的水平之后，往往可以同加强核心力量来整体提高自身的竞技水平。

平板支撑练习分为静态平板支撑和动态平板支撑。

静态平板支撑的动作相对简单，俯卧在练习垫上，用双臂和双脚支撑起身体，并保持平直，双臂屈臂小臂撑地于胸前，注意不要塌腰，以10分钟起步，可以逐渐增加时长，以提高核心肌群的力量。

（二）腿部力量训练

羽毛球运动员的腿部力量需要爆发力、灵活以及较好的弹跳力等素质。强大的腿部力量可以很好地完成起动、移步以及各种步法技术的质量。腿部力量的训练方法一般采用纵跳、蛙跳、跳深、下蹲腿后提铃以及负重深（半）蹲跳等方式进行训练实现。

1. 跳深

跳深主要目的是发展伸膝、屈足肌群和腹肌的力量素质。对于羽毛球运动员的腿部力量的提升具有重要意义。

羽毛球运动员先将5～8个高度为80～100厘米的跳箱盖纵向排好，每个跳箱间距为1米。运动员面对跳箱盖并腿站立，双脚同时用力跳上跳箱盖，并立即向下跳，落地后立即跳上第二个跳箱盖，再立即跳下，落地后立即跳上第三个跳箱盖，循环往复连续跳上跳下20～30次。也可在有沙坑的高台处做该练习。注意跳上跳下的动作之间不得停顿，需要一气呵成完成一组的训练。

2. 负重深(半)蹲跳

负重深(半)蹲跳主要目的是发展伸膝和伸髋的肌肉群(如股四头肌、股二头肌、小腿三头肌和臀大肌等)的力量素质。双脚左右自然开立，肩负杠铃，负荷由轻到重逐渐增加，最初训练时需要教练指导运动员选择适当的负荷，负荷过轻达不到训练目的，负荷过重也会造成身体的损伤，因此需要科学谨慎地选择负荷重量。

练习时，运动员双手正握杠铃扛于颈后，躯干挺直。屈膝半蹲快速蹬伸，髋膝踝充分伸展，向垂直方向跳起，落地时保持半蹲(半蹲跳)或深蹲(深蹲跳)，紧接着快速蹬伸跳起，反复练习。注意落地时踝关节保持适度的紧张，跳起腾空后下肢肌群尽量放松。

第七章　高水平羽毛球运动员的战术能力培养与训练

在对抗激烈的羽毛球比赛中，运动员尽可能发挥特长，规避或防范自己的弱点，同时限制对方发挥特长，攻击对方弱点，积极争取主动，这种以己之长、攻彼之短、避己之短、抑彼之长的意图都是通过合理的战术行动实现的。在高水平羽毛球赛事中，双方实力不分伯仲，几乎势均力敌，这种情况下双方获取主动和得分的关键在于采取合理的战术行动，有效节约体能，这对羽毛球运动员的战术能力提出了非常高的要求。因此在高水平羽毛球运动员全面素质的系统训练与科学培养中，要加强对战术能力的培养，通过战术训练有效提升运动员的战术能力，促进技、战术的相互作用，提高运动员的核心技能水平。本章着重对高水平羽毛球运动员的战术能力培养与训练展开研究，首先阐述羽毛球战术基本知识，其次重点探讨高水平羽毛球运动员战术训练方法，最后提出培养与提升羽毛球运动员战术意识的建议。

第一节　羽毛球战术概述

一、羽毛球战术的概念

羽毛球战术是羽毛球运动员在比赛中为展现自己的高超竞技水平、战胜对手、取得比赛胜利而采取的所有计谋和行动的总称。[①]

---

① 陆淳．羽毛球技术训练与战术运用[M]．北京：人民体育出版社，2006.

羽毛球比赛是双方运动员关于体力、技战术、心理以及智慧等多方面的较量，当双方技术能力相当时，竞争和对抗显得越发激烈。在激烈的控制与反控制的较量中，运动员要从自身与对方的打法特征与风格出发，设计与选用适宜的战术，灵活实施战术，尽可能以己之长、攻彼之短，充分把握比赛的主动权，争取得分。因此，在高水平羽毛球赛事中，运动员得分与获胜的关键在于对羽毛球战术的合理选用与有效实施。

二、羽毛球战术的选择与实施原则

羽毛球战术包括单打战术、双打战术，单、双打战术中又有进攻战术和防守战术。羽毛球攻守战术内容丰富，形式多样，在比赛中要合理选用与科学实施，最大程度地发挥各项战术的功能与作用，从而达到制衡对方、争取主动、得分获胜的目的。为保证战术选用的合理性与实施的有效性，在羽毛球赛事中运用战术要遵循以下原则。

（一）坚定战术意识原则

战术意识是羽毛球运动员对客观存在的战术活动的人脑反映，是一种完整而高级的心理形式，它形成于战术活动中。羽毛球运动员在比赛中选用战术，首先必须坚定战术意识，贯彻这一原则具有以下重要意义。

第一，保证运动员在激烈的控制与反控制过程中明确自己的行动，清楚战术目的、战术运用时机，对战术完成的过程进行预估，并对战术实施中的行为偏差予以修正等。

第二，坚定战术意识，通过持久的战术意识来维持战术行动的稳定性，使运动员即使在身体疲劳的情况下依然有清醒的战术意识，依然能坚持对抗，控制对方。

第三，羽毛球比赛时间较长，在高水平的比赛中，双方势均力敌，比赛过程更是漫长，在这个过程中会有诸多因素对战术行动效果造成影响，阶段性战术失灵的现象是比较常见的，如果运动员缺乏坚定的战术意识，当其面对战术失灵时可能会对战术设计产生怀疑，或着急调整战术，从而导致战术混乱，陷入被动局面，造成比赛失利的后果。

总之，羽毛球运动员必须拥有坚定的战术意识，这是其采取战术行动的基本前提。

（二）针对性原则

羽毛球运动员在比赛中对各种战术方法的合理选用需要参考诸多主客观因素，如比赛环境、双方的身心素质、打法风格、技术水平等，在综合考虑这些影响因素的基础上对适宜的、具有针对性的战术方案做出合理的选用，达到扬长避短的效果。

在羽毛球比赛中科学贯彻针对性原则来选用和实施战术，要注意以下几点要求。

第一，从双方身体素质水平出发进行选择，战术的选择与双方身材大小、体能强弱等因素有关。例如，身材高大、肌肉力量强的选手适合在后场采用下压战术，具有很强的攻击性；身材较小，但灵敏性和协调性好的选手适合采用守中反攻战术；等等。

第二，从双方心理素质、性格特征出发进行选择。个人的技术风格、战术习惯往往受自身性格的影响，如性格外向的选手采用全攻型战术打法是比较合适的。

第三，从双方技术水平出发进行选择。战术的执行是以丰富的技术动作为基础的，技术全面是灵活实施多样化战术的前提。因此双方技术水平是采取战术行动时必须考虑的主要因素之一。

羽毛球运动员对各种专门战术的选用受到上述诸多主客观因素的影响，而且这些因素的影响不是孤立单一的，也不是完全绝对的。这些因素之间互为补充，因此要综合考虑多方面的因素才能确保战术选用的合理性与实施的有效性。

（三）灵活性原则

羽毛球比赛竞争激烈，赛况瞬息万变，不确定的随机性因素有很多，选手要能够根据不断变化的场上情况灵活选择与实施战术。在比赛前，运动员必须做好战术的常规准备，以便在正式比赛中能够根据不同的情况及时灵活地采用。应付不同的比赛局面不能采用固定单一的战术打法模式，要不拘一格，灵活应变，只有在结合实际的基础上求新、求变，才能获得良好的战术效果。

在羽毛球比赛中根据比赛情况实施羽毛球既定战术时，也要从实际出发来局部调整战术，必要时要做出很大的调整与更替。因为比赛中常常出现一些意料之外的情况，所以在不破坏战术规律的前提下对战术打法方式进行适当调整是很有必要的，这是运动员良好战术应变能力的体现。

总之，羽毛球运动员在比赛中要善于从千变万化的战局形势出发，对比赛情况进行综合分析，在战术的运用上做到灵活调整与适时变化，从而使对手陷入“被动接招”的局面。

（四）以我为主原则

羽毛球选手在比赛中不管实施哪项战术，都要贯彻以我为主的基本原则。在比赛前，要根据对赛事、自己及对手的综合分析而制定备用战术方案，在比赛中根据实际情况落实方案，当出现战术失误时，不要盲目怀疑既定战术，更不要随意改变方案，要冷静应对，先局部调整，充分展现自己的打法风格与特色，发挥自身优势，不要因为轻易更改在长期训练中形成的战术打法风格而导致优势丧失，陷入被动。

（五）实效性原则

实施任何一项战术，都要考虑它的实效性，要懂得权衡利弊，保证比赛效果。例如，如果两种羽毛球战术方法在相同条件下能达到相同的效果，那么要将自己更能够把握和有效完成的战术方法作为首选。再如，当两种战术方法难度系数相同时，则选择对自己更有利的战术方法。权衡利弊的目的在于追求比赛的实际效果。

第二节　高水平羽毛球运动员战术训练

一、羽毛球单打战术分析

（一）发球位置与方式

1. 根据对方站位确定发球位置

(1)发网前球

对方站位靠近后场时，网前区域空当多，此时适合发网前球，如向图 7-1 中的 1 号或 2 号位置发球。

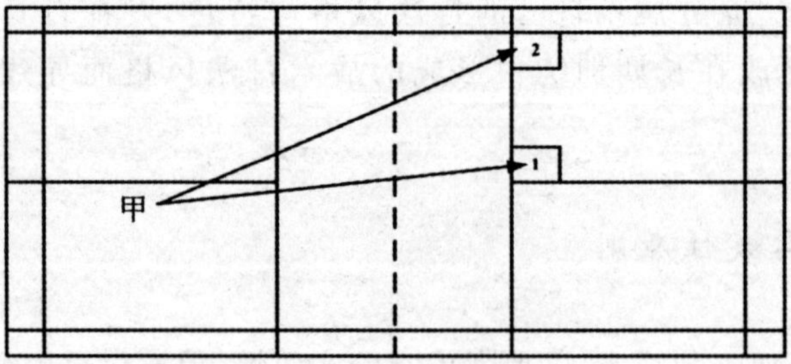

图 7-1　发网前球

(2)发后场球

对方站位比较靠近网前时，后场区域空当多，适合发后场球，即向图 7-2 中 3 号或 4 号位置发球，如此发球效果更好。

2. 根据对方接发球特点选择发球方式

比赛前要了解对方的接发球特点和风格，分析对手接发球习惯，总结对方接发球的规律，尽量避开对方擅长的接发球方式来选择发球方式，让对方回球时找不到感觉，尽量多发对方比较难接的一些落点的球，从而争取主动，使对手防不胜防。

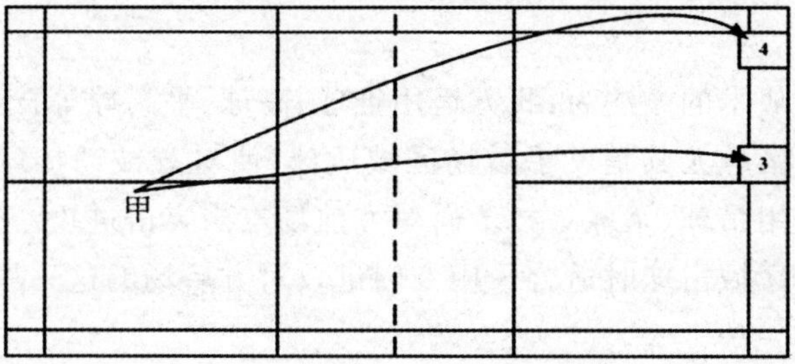

图 7-2　发后场球

（二）发球抢攻战术

发球抢攻战术指的是依据对方的站位、接发球特点、习惯的回球路线等有目的性、有针对性地发多变的球，从而在开始就占取主动权，守住进攻地位。

1. 发后场高远球

根据对方站位来发球，若对方所在位置离前场近，则向对方后场底线发后场高远球，迫使对方后退接球，这样对方很容易出现回球不到位的情况，这时就要采用吊球或杀球的方式迫使对方回球失误。

2. 发平射球

当对方反应速度差、技术能力一般、不习惯打追身球时，可选择发平射球，向对方身体对准发球，迫使对方匆忙回球，这时我方要创造机会迅速上网扑球。

3. 发网前球

根据对方站位决定是否发网前球，当对方所在位置离后场较近时，选择发网前球，对方不得不推球、挑球，若对方移动和反应比较慢时，就会严重接发球的质量，这时我方伺机平推底线两角或迅速扑杀，迫使对方接发球时出现失误。

（三）压后场战术

压后场战术的方法为：我方运用推球、高球、平高球等技术反复向对方后场底线区域尤其是反手后场区域压球，使对方被动接球，然后我方伺机快速采用吊球、杀球等技术向对方前场空当突击进攻。当对方不习惯后场反手区域击球时适合采用专门进攻对方后场的这一战术。

（四）四方球战术

四方球战术是向对方前后场四个角进攻的战术，适用于对付技术掌握不全面、情绪不稳定、体力差的对手。

采用四方球战术时，主要运用的发球技术有发平高球、发高远球、发网前球、吊球、搓球、挑球以及推球等，运用这些技术的要求是快、稳、准，落点角度大，不断变化线路。采用这些进攻技术把球发到对方半场四个角，迫使对方向不同方向移动接球，对方在来回奔跑中可能会因为身体重心不稳或来不及向中心位置返回而影响回球质量，此时我方要抓住对方的弱点和对方前后场的空当进行突击，向空当进攻。

二、高水平羽毛球运动员单打战术训练方法

（一）固定球路练习

固定球路练习是依据羽毛球战术要求，将两项或两项以上的击球技术组合起来反复练习的训练方法。具体训练方式如下。

1. 高、吊配合训练

(1)对角高球直线吊球练习(图 7-3)

甲方在右场区发高远球，乙方以对角高球回击，甲方也同样以对角高球回击，乙方吊直线球，甲方放直线网前球，乙方挑直线高球，甲方回

击对角高球，乙方再以对角高球回击，甲方吊直线球，乙方放直线网前球，甲方挑直线高球，乙方以对角高球回击，反复练习。

在左场区的练习方法和在右场区相同。

(2)直线高球对角吊球练习(图 7-4)

甲方击直线高球，乙方以直线高球回击，甲方也以直线高球回击，乙方吊对角球，甲方放直线网前球，乙方挑直线高球，甲方以直线高球回击，乙方再以直线高球回击，甲方吊对角线球，乙方放直线网前球，甲方挑直线高球，回到开始，循环练习，

因为球路比较固定，随着反复练习，失误越来越少。

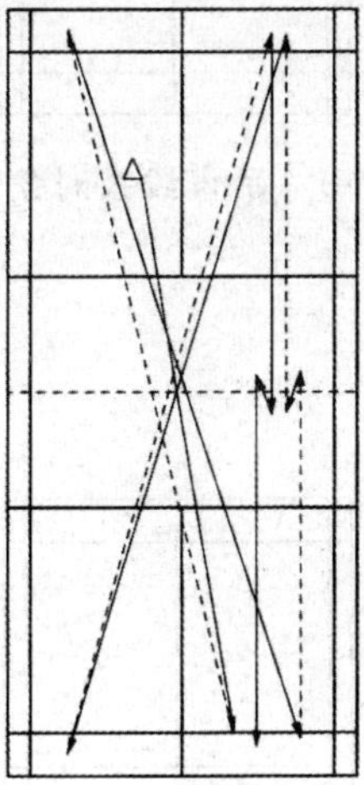

图 7-3　对角高球直线吊球练习

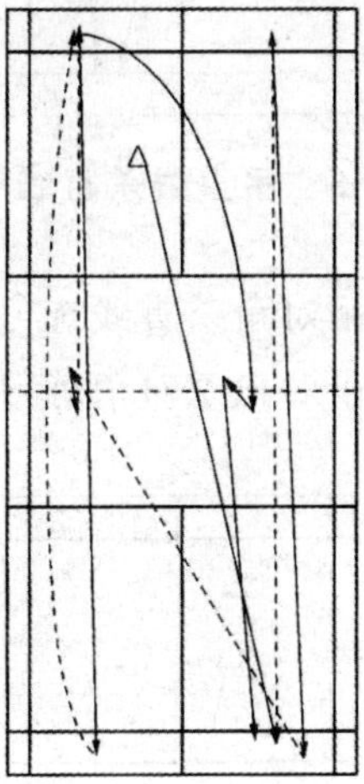

图 7-4　直线高球对角吊球练习

2. 高、杀配合训练

(1)对角高球直线杀球练习。

(2)直线高球和杀对角球练习。

3. 吊、杀配合训练法

(1)吊直线杀直线练习，如图 7-5 所示。

(2)吊直线杀对角练习，如图 7-6 所示。

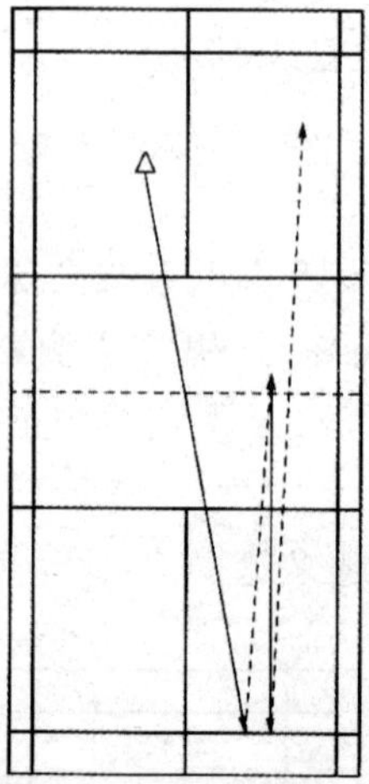

图 7-5　吊直线杀直线练习

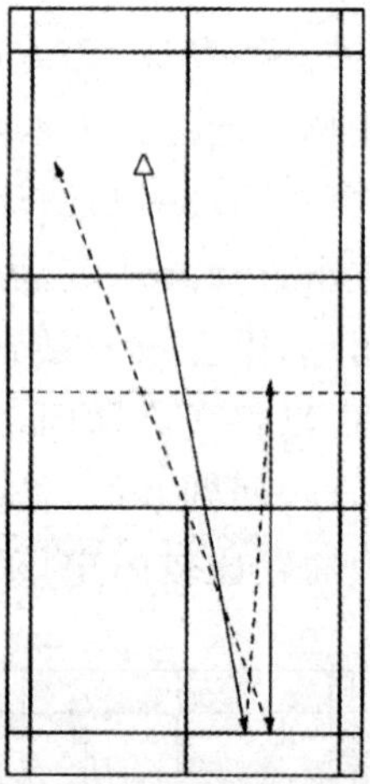

图 7-6　吊直线杀对角练习

(3)吊对角杀直线练习,如图 7-7 所示。

(4)吊对角杀对角练习,如图 7-8 所示。

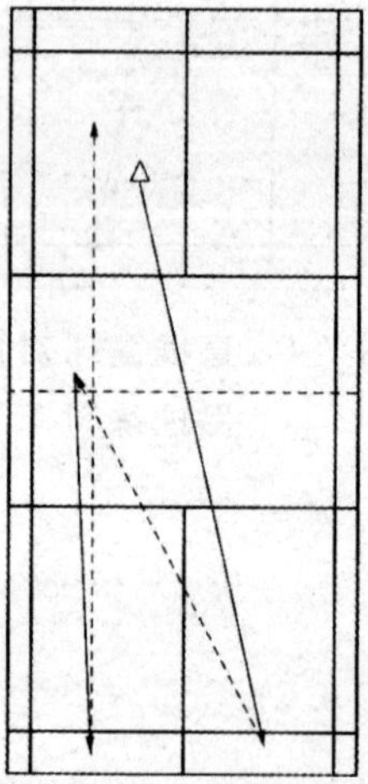

图 7-7　吊对角杀直线练习

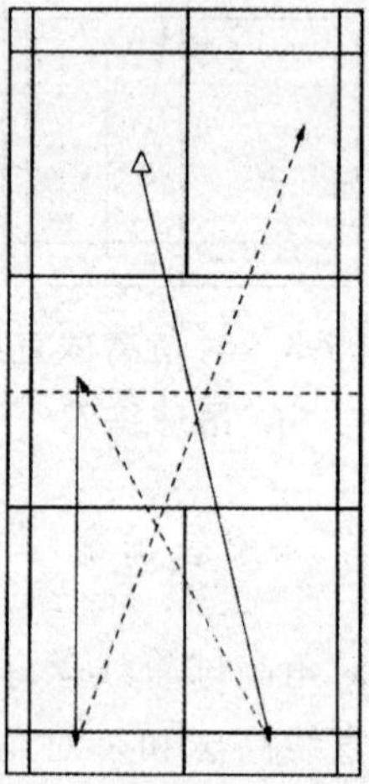

图 7-8　吊对角杀对角练习

上述练习方法中,挑球一方都是挑直线球。在实际比赛中,选手需依据实战需要设计与选用固定球路的组合方式。

(二)半固定战术练习

半固定战术练习是只提出基本技术组合的相关要求,而击球落点、击球路线没有固定要求,球路多变,与实战接近的战术练习方法,具体练习方式如下。

1. 高杀战术练习

进攻选手的进攻方式只能是高球或杀球,并且为促进选手进攻意识的强化,规定在三拍内杀球,如高杀与接高杀的对攻练习。

2. 高吊战术练习

进攻选手的进攻方式只能是高球或吊球,以此对对方进行控制,创造得分机会,如二点打四点练习。

3. 吊杀战术练习

进攻选手的进攻方式只能是吊球或杀球,如吊杀与接吊杀的攻守练习,交换角色反复练习。

4. 高吊杀战术练习

进攻选手组织全面进攻的进攻方式有高球、吊球、杀球,防守者只防不攻,对进攻者的全面进攻能力与防守者的全面防守能力进行培养。也可采用接近实战的高吊杀对攻练习法。

5. 杀上网战术练习

杀直线或对角,上网后可采用搓球、推球、勾挑球等方式,增加防守难度,使进攻者熟练杀球、搓球、推球、勾挑球的技术,并训练防守者的防守能力。

(三)半场一对一练习

羽毛球比赛是参赛双方在有限空间中、较长时间内进行控制与反控制的斗智斗勇过程，采用半场一对一练习方式，场地面积缩小，练习强度增加、难度提升，如果训练得当，则训练效果可能事半功倍。

练习者在半场区域内进行对抗性练习，可以采用一些压底线的技术，如高球、挑高球、平高球等。或者一方通过杀球技术网前下压，另一方迅速上网还击。练习过程中，攻守双方在练习一定次数后互换角色继续练习，在瞬息万变的环境中准确使用各项技术，灵活应变，将每一次击球都处理好，提高得分概率。

半场一对一练习的具体方法有以下几种。

1. 一挑、一吊练习

在半场区域内，两名练习者分别站在场地两边做发挑球、接发吊球练习，互换角色反复练习。

2. 对打直线高球

在半场区域内，两名练习者分别站在场地两边做发高球、接发平高球练习，轮换反复练习。

3. 组合练习

在半场区域内，双方运用各种技术进行组合练习，提高对高球、点杀、吊球、搓球等技术的运用能力。

三、羽毛球双打战术分析

（一）双打站位

1. 平行站位

在对方进攻时，我方两人在左右半场区域平行站立，为防守做准备，如图 7-9 所示。这样的站位便于两人配合向进攻方后场底线两角压球，并在对方扣杀球时也能向底线两角挑高远球或平抽反击，使对方无力回球或迫使出现失误。

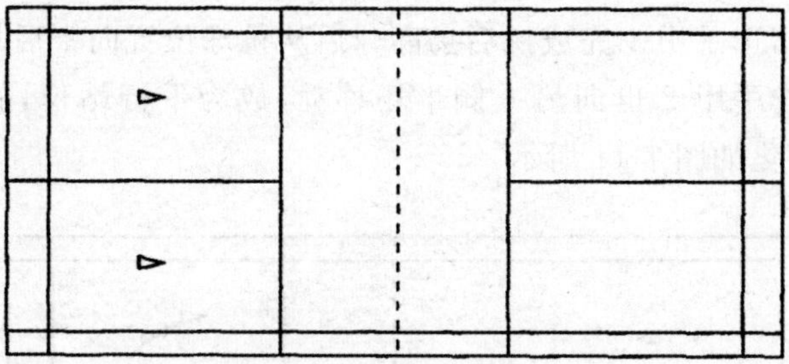

图 7-9　平行站位

2. 前后站位

双打比赛中，进攻的两人需采用一人前场、一人后场的前后站位方式（图 7-10），两人分管前场和后场，协同完成前场封网、后场进攻的战术任务。注意两人前后站位不要在一条直线上，防止遮挡后场队员的视线而对后场进攻造成不良影响。

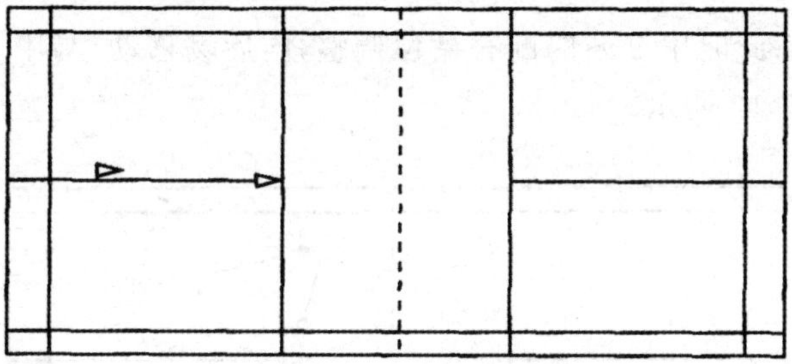

图 7-10　前后站位

3. 队形变化

羽毛球比赛中，攻守局面瞬息万变，因此不能从头到尾只采用一种站位队形，双方都要根据攻守局面的变化、完成攻守任务的需要而不停地调换站位队形，但也不要为了变而变，要按照一定规律有目的地变换队形，充分发挥不同队形的作用。

下面简单分析羽毛球比赛中前后站位与平行站位两种站位队形之间的相互变化。

(1)前后站位→平行站位

选手甲 1、甲 2 刚开始是前后站位，当对方吊网前球时，我方要快速挑后场高球，选手甲 1 完成挑后场高球后从挑球位置向中后场直线后退与此同时，选手甲 2 也向另一侧半场移动，成为平行站位，做好防守准备。站位变化如图 7-11 所示。

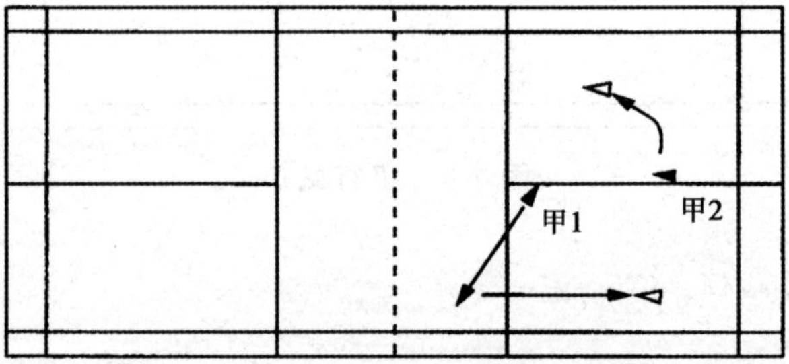

图 7-11　由前后站位变为平行站位

(2)平行站位→前后站位

选手甲 1、甲 2 以平行站位方式站在半场左右两侧，当对方吊右侧网前小球时，甲 1 上网同样吊网前小球，甲 1 接发球后随球向网前移动，做封网准备，此时甲 2 及时配合站位调整，向后场移动，与甲 1 形成前后站位，如图 7-12 所示。

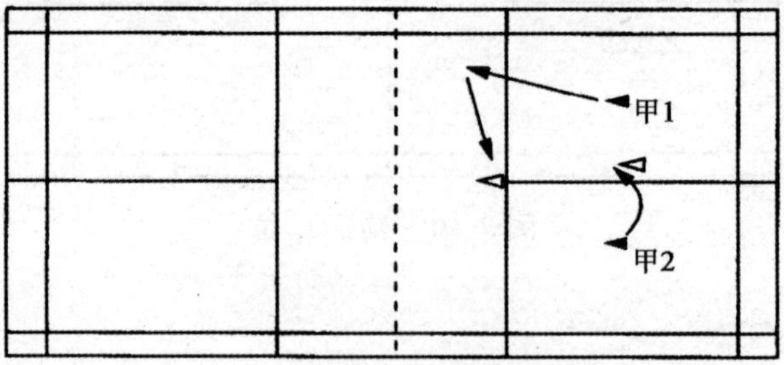

图 7-12　由平行站位变为前后站位

若甲 1 吊网前小球的弧度比较高，为应付对方的进攻，做好防守准备，吊球后立刻向前直线移动，依然与甲 2 成平行站位队形，队形变化如图 7-13 所示。

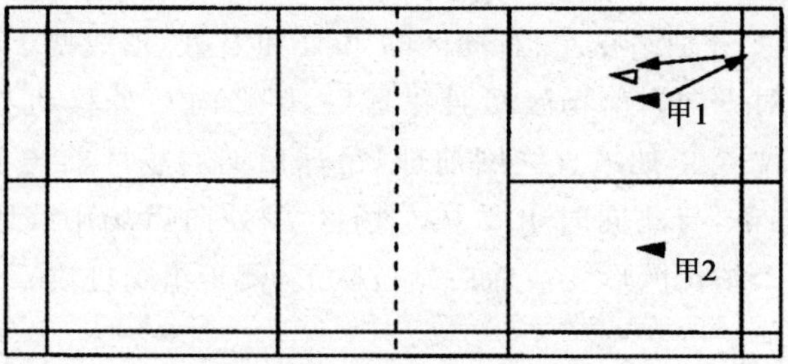

图 7-13　平行站位变为变形站位

(二)双打的移动配合

羽毛球双打比赛中,搭档按照一定的规律和原则灵活站位、协同配合。通过移动配合充分发挥本方的特长与优势,同时压制对方无法发挥自身特长优势。

下面分析羽毛球双打比赛中常见的几种移动配合方式。

1. 我方吊网前球时的移动配合

(1)方法一

甲 1 站左场区 A 处,甲 2 在右场区 B 处,成为平行防守站位队形(图 7-14)。对方向左前场区 C 处吊球,甲 2 向 C 处上网移动,然后以网前直线吊球向对方右场区 D 处回击,再迅速向左场区前场位置 E 处后退,做封网准备。这时甲 1 从 A 处向后场 F 处移动,靠近中线。此时,甲 1 和甲 2 从防守的平行站位变为前后站位,准备组织进攻。

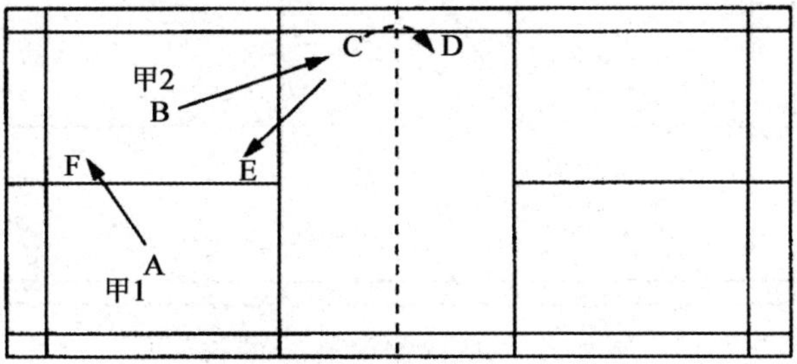

图 7-14　吊网前球时的移动配合一

(2)方法二

甲1、甲2分别站在左、右场区的A处和B处,形成便于防守的平行站位队形。对方向右前场区C处吊球后,甲2向C处移动上网,向对方左场区网前位置D处吊直线网前球,吊球后向右场区前场E处直线后退,做封网准备,与此同时甲1从左场区A处向后场中线附近F处移动。这时两人站位队形变成前后站位队形,便于组织进攻。

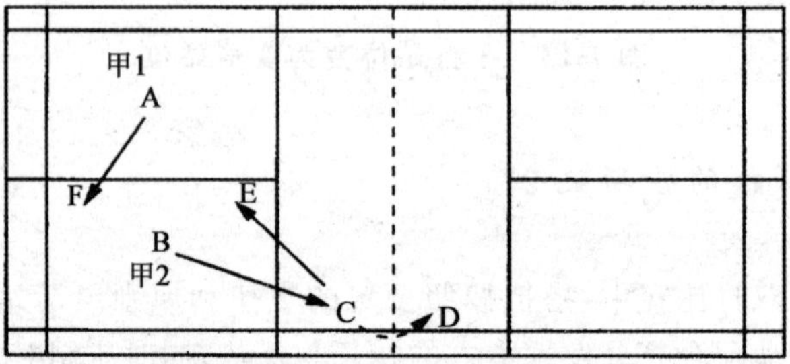

图 7-15　吊网前球时的移动配合二

2. 我方杀球时的移动配合

(1)方法一

甲1、甲2在右场区A、B位置成前后站位,甲1在后场准备杀球,甲2在前场做封网准备。若甲1向对方右场区C处杀球,对方向本方网前D处直线杀球回击,此时甲2无法封住网前球,只能向对方左场区底线E处挑球,挑球后立即向左场区F处后退,与此同时,甲1移动到右侧G处,此时甲1和甲2成平行防守站位。

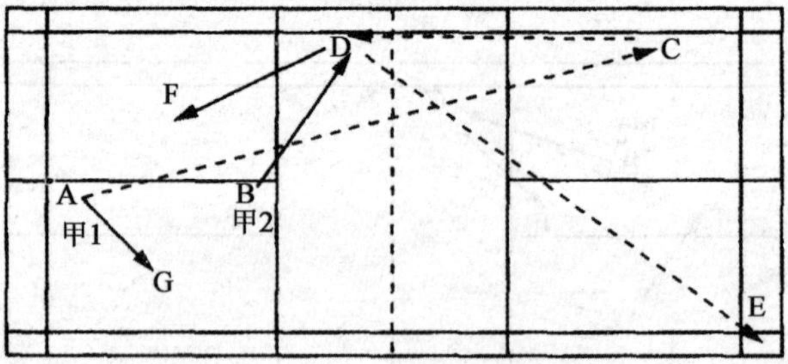

图 7-16　杀球时的移动配合一

(2)方法二

甲 1 在左后场区域 A 处杀球,甲 2 在左场区前场位置准备封网,二人成前后进攻站位(图 7-17),如果甲 1 向对方左场区 C 处杀球,对方向本方网前区域 D 处回球,甲 2 很难顺利封网,只能向对方右场区底线 E 处挑球,挑球后快速向右场区中间 F 位置后退,此时甲 1 向左前方移动到 G 处,与甲 2 形成平行防守站位。

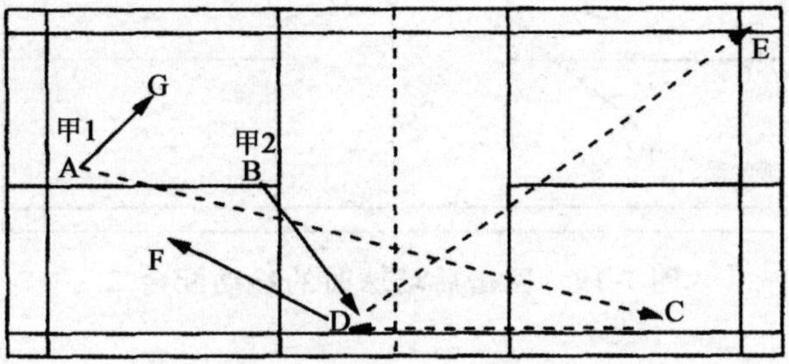

图 7-17　杀球时的移动配合二

3. 我方回击后场球时的移动配合

(1)方法一

甲 1 或甲 2 击高球后,分别站在左、右场区的 A 处和 B 处成平行防守队形。若对方向 D 处打右后场高球,甲 2 立即移动到 D 处以直线或斜线杀球或吊球方式还击,此时甲 1 应移动到前场中间位置 C 处,准备封网,与甲 2 在后场的进攻相配合。

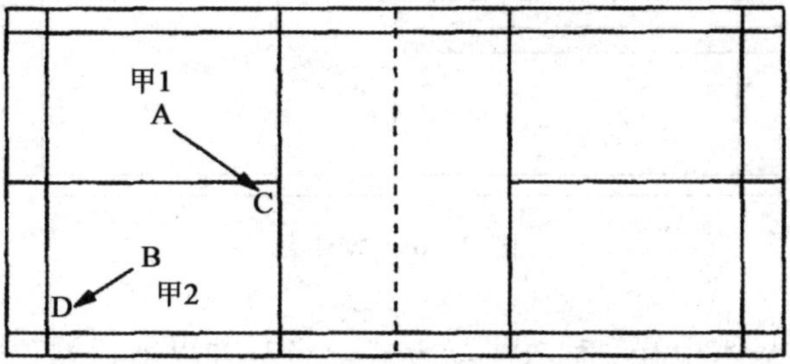

图 7-18　回击后场球时的移动配合一

(2)方法二

甲 1 或甲 2 以击高球的方式回球后,两人分别站在左场区 A 处和右场区B处，保持防守的分边平行站位(图7-19)，若方向本方左后场D处还击高球，甲2迅速移到D处完成直线杀球或斜线杀球，此时甲1移到前场中间位置C处，准备封网，并与甲2配合进攻。如果甲2回击后场高球，那么甲1、甲2的平行站位不变。

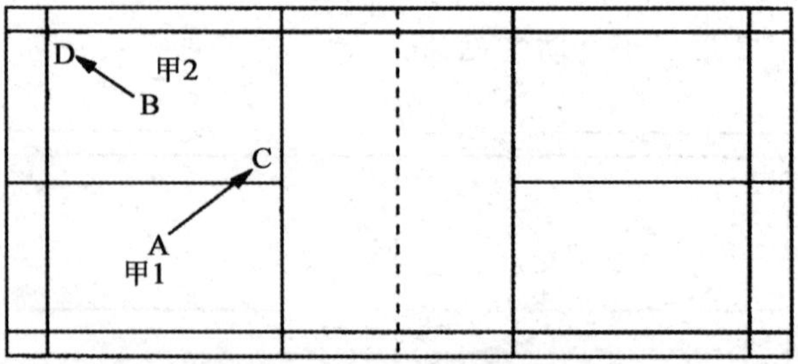

图7-19 回击后场球时的移动配合二

(三)攻中路战术

当防守方采用分边平行站位时，进攻方尽量向对方平行站位的中间空当区域攻球(图7-20阴影部分)，这样对方都有可能移到中场去接球，易发生碰撞，或谦让对方而错过球。该战术适合对付对方配合默契度不高的选手。

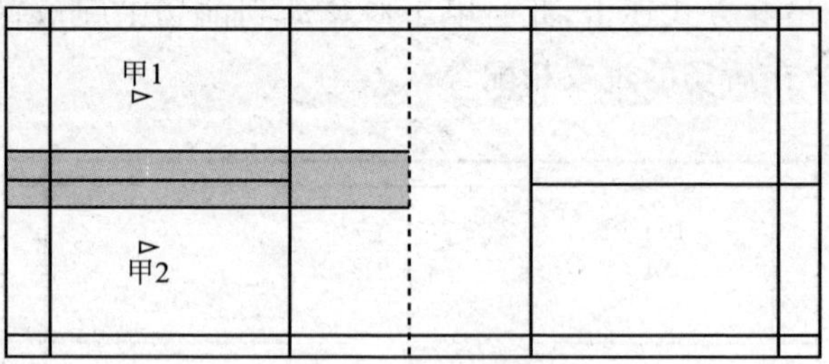

图7-20 攻中路

攻中路战术中有一种攻半场方式。当对方以前后站位保持进攻状态时，我方可向两人前后间靠近边线的中场位置回击球(图7-21阴影部分)，从而使对方出现像上面一样的情况，即抢接碰撞或漏接。

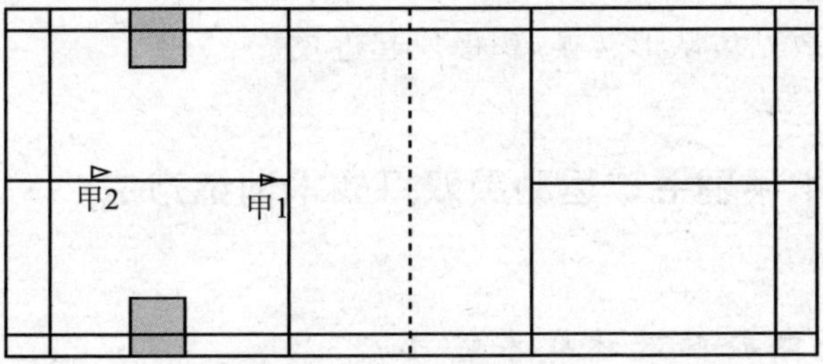

图 7-21 攻半场

(四)守中反攻战术

在对付后场进攻能力差的选手时,常采用守中反攻战术。该战术也具有消耗对方体力的重要作用。

下面介绍守中反攻战术的几种运用方式。

1. 压两底线伺机反抽

向对方两底线平推球或挑高球,对方杀球回击后,若回球质量差,如弧度不明显,速度不够快,则向对方底线处平抽球反击,路线一般为对方斜线、我方直线,对方直线、我方斜线,然后做好回击对方平抽球的准备,改变被动局面,创造对攻局面。若我方平抽球后,对方没有以同样的方式回击,而是向底线或网前回击,这时我方的站位队形要快速从左右平行防守站位变换为前后进攻站位,并向对方空当或弱点位置发起猛攻。

2. 挑或推两底线

若进攻方杀球,我方作为防守方向对方底线挑球,路线为对方杀直线球,我方挑斜线球,对方杀斜线球,我方挑直线球。若进攻方发吊球,我方则以相同的方式回击,以推为主、以挑为辅,使进攻方在底线两角来回移动,耗其体能,我方找机会转守为攻。

3. 接杀球或吊球放网前

防守时不断向对方底线两角回击,使对方网前队员放松警惕,封网意识松懈，伺机向对方网前杀球或吊球，并立即封网，从左右防守站位队形向前后进攻站位队形转换，积极发起进攻。

四、高水平羽毛球运动员双打战术训练方法

(一)多球轮转进攻战术练习

1. 练习目的

(1)促进连续杀球能力的提升。

(2)促进轮攻配合默契度的增加。

(3)进一步熟练进攻跑位。

(4)提高实战技能水平。

2. 人员准备

2 名搭档为主练，1 名发球者和 1 名送球者作为陪练，若干捡球者。

3. 练习方法

(1)两名搭档在羽毛球半场成前后进攻站位队形。陪练的两人站在场地另一半场。

(2)陪练方向主练方所在半场区域的不同位置发前场平球、半场平高球和后场高球。按实战要求发球，将发球节奏控制好。

(3)两名练习者协同配合，按既定战术方针快速应对。站在前场的练习者负责封网，站在后场的练习者负责回击中半场和后场的来球，尽可能主动进攻。前场队员有机会也可以接中半场球。

(4)面对快速有力的来球，两人应灵活变换站位队形，一般当一人所处位置比较靠边时，另一人就要及时补位，两名搭档快速轮换转位，回击高质量的球。

4. 练习负荷

每组 30 个球，练习组数根据练习者的实际情况而定，组间间歇 3 分钟左右。

（二）实战训练

实战训练是为了提高羽毛球运动员的实战能力，使其在比赛中发挥自如而设计的训练方法，它是为比赛服务的。在实战训练中，要有机结合训练与实战，模拟正式比赛来进行战术训练。此外，在训练过程中，也可以组织队内、队外的热身赛，实现以赛带练的效果，有效提高羽毛球运动员的比赛适应能力。

第三节　高水平羽毛球运动员战术意识的培养

一、战术意识的概念

战术意识是指运动员在千变万化的比赛过程中，能够准确观察判断赛场上的情况，并根据实际情况随机应变地、准确地决定自己应如何行动的能力和与同伴配合的能力。①

在羽毛球比赛中，战术意识很好的运动员能够在千变万化的对抗过程中准确地判断对方会打什么球，是高球、吊球，还是杀球；是直线还是对角，然后根据自己的判断决定自己应该向前还是向后，向左还是向右，当判断到对方来球的方向后能灵活采用突击手段或对拉控制手段。在双打或混双比赛中，运动员战术意识的好坏更加明显。②

二、羽毛球运动员战术意识的表现

羽毛球运动员的战术意识主要从实战中体现出来，良好的战术意识

① 黎加林，袁磊，谷翔．羽毛球教学训练理论与方法[M]．哈尔滨：黑龙江教育出版社，2007.

② 仲鸿美．羽毛球战术意识的培养及训练手段[J]．冰雪体育创新研究，2021(21)：163-164.

具体从以下几方面得以体现。

第一，能够对对方使用击球技术的战术意图做出预判，在行动上不易被假动作诱骗。

第二，能够在分清主动地位和被动地位的前提下准确击球，能够根据主、被动局面而采取行动，认识到自己处于主动一方时，积极进攻，认识到自己处于被动局面时，认真防守，也就是该进攻时进攻，该防守时防守，而且善于采用过渡性技术去转守为攻。

第三，随着实战经验的积累，能够对对方的战术意图准确预判，了解对方在不同比分情况下会采用何种战术。

第四，随着比赛经验的丰富，能够对对方的技战术优势、不足进行客观而准确的分析，并能以己之长攻彼之短。

第五，对同伴的战术意图、行动规律能准确预见，并能主动配合同伴完成战术行动。

第六，能够通过假动作而诱使对方错误判断自己将要采用的技战术，当对方根据错误判断采取应对策略后，我方能够以出其不意的行动取得良好的战术效果。

第七，能够对教练员制订的战术方案准确理解，并对教练员的战术意图有充分的领会，在比赛场上灵活运用战术。

三、羽毛球运动员战术意识的重要性

（一）战术意识是提高战术能力的重要内容

羽毛球运动员在比赛中要合理运用战术，发挥各个战术的作用，达到预期的战术效果，就要在赛前了解对方情况，客观判断，制订战术方案，在比赛中根据比赛情况的变化而灵活选用与实施战术，可见战术实施效果与运动员的判断力、分析力、临场应变力等息息相关。此外，运动员的战术意识也是影响战术效果的重要因素之一。羽毛球比赛中，场上情况瞬息万变，运动员在赛前不可能周密地规划出每个攻防行动、配合行动，不可能完全准确地预测对方的打法和变化，也无法针对每一个回合的较量提出完全可行的建议，在千变万化的比赛中虽然要按既定战术方针去对抗，要执行周密的战术方案，但很难完全不做调整与改变，运动员能否根据临场情况而灵活运用战术，这是其战术意识强弱的表现。

羽毛球运动员的战术意识是其战术能力的重要组成部分之一，在专项战术能力的系统培养中必然要加强对战术意识的培养，促进运动员战术意识的形成与强化。

（二）战术意识影响运动员的成绩

羽毛球运动员的比赛成绩是由其比赛能力决定的，比赛能力是综合能力，包含体能、技战术、心理、智能等多方面的素质。羽毛球是一项间接对抗的球类运动，控制与反控制的对抗斗争贯穿于羽毛球比赛的整个过程中。参赛选手为得分获胜，想方设法发挥自己的优势，规避短板，并限制对方发挥特长，专打对方的空当与弱势之处。而当比赛双方实力相当时，战术意识的作用便显得特别重要，在旗鼓相当的比赛中，战术意识强的运动员往往能够正确选用战术，将每个战术都发挥得淋漓尽致，抓住每个得分的机会，最终取得比赛的胜利。可见，战术意识作为战术能力的一部分，对运动员比赛成绩的影响是不容小觑的。

四、羽毛球运动员战术意识的特点

（一）进攻主动、防守积极

羽毛球运动员要有强烈的进攻意识，善于主动进攻，果断出击，不犹豫不决浪费时间，但切忌盲目进攻。强烈的进攻意识与求胜欲、表现欲和进取心是密不可分的，有进取心的运动员往往对自己要求很高，追求长远目标，有坚持不懈的意志品质和突破创新的精神品质。

进攻与防守密不可分，当一方猛烈进攻时，另一方必须积极防守，不能消极怠战，而且攻与守转换迅速，运动员必须尽快适应角色转换。防守不是一味消极被动，而应积极主动，伺机转守为攻，改变被动局面。

（二）攻守都有目的性

羽毛球运动员在比赛中的任何行动都是有目的的，都是为了达到预期的战术“目的”，如使对手移到其他位置，消耗对手体力等，运动员的战术思维参与了其制定战术目的和实施战术的整个过程。运动员战术思维良好，才能有目的地采取战术行动。

（三）预判对手行动的准确性

羽毛球运动员要有良好的预见性，在对抗激烈、节奏快速的羽毛球比赛中准确预见和判断，从而有针对性地选取技战术。例如，在对手发球或接发球前，要预判其击球速度、方向、落点，然后做出决策。

（四）动作施展的隐蔽性

羽毛球运动员在比赛中要隐蔽自己的技战术，真假结合、虚实结合，迷惑对方。运动员要以对方的打法特点采取技战术行动，要快速反应，灵活应对，动作变化多样，真假动作掺杂，制造假象，隐蔽真实意图，增加对手判断的难度。

（五）实施战术的灵活性

羽毛球战术丰富多样，面对不同的来球要选择不同的战术行动灵活应对，不能始终采用单一的固定不变的战术，也不能不顾实际盲目调整战术，战术运用必须灵活、有规律，符合实际，能满足需要。运动员灵活运用战术的前提是准确判断与分析什么样的战术可以使自己更有优势，容易得分。运动员运用战术如何才算灵活，要看其能否在不同条件下根据同一对手的不同状态或不同对手的特点而采取最佳战术。

（六）双打配合的默契

在羽毛球双打比赛中，搭档的配合度直接影响最终比赛结果。配合默契的搭档能够从对方的细节动作中获得信息，及时采取行动，通过高效的配合共同完成战术任务，达到“1+1>2”的效果。

五、高水平羽毛球运动员战术意识的科学培养策略

（一）加强战术理论知识教育

对高水平羽毛球运动员的战术意识进行培养，首先要进行理论教育，将有关羽毛球运动战术的理论知识系统地传授给运动员，使运动员了解羽毛球战术的内涵、类型、形成规律与特点以及运用原则与策略，从而为运动员采取战术行动提供理论指导，提升运动员的战术意识。

（二）提高教练员的重视程度

羽毛球教练员是培养羽毛球运动员战术意识的主体，教练员的专项理论知识水平、对战术意识重要性的思想认识水平以及对战术意识培养的重视程度等都是影响羽毛球运动员战术意识形成与提升的关键因素。

羽毛球教练员应高度重视对运动员战术意识的培养，在日常体能与技战术训练中融入培养战术意识的内容，有目的地开展战术意识的系统培养工作。在战术意识培养中，要结合比赛培养运动员的观察能力、分析能力、判断能力以及灵敏反应和解决问题的能力，通过提高运动员的这些能力而促进其战术意识的形成与强化。

（三）练好基本功

对于高水平羽毛球运动员来说，其战术意识的形成与发展离不开一个重要的物质基础，那就是对羽毛球技战术的全面掌握与熟练运用。战术意识是抽象的，最终体现与落实在技战术的发挥过程中，因此羽毛球运动员必须先练好基本功，将基本技战术熟练掌握好，积累实践经验，为战术意识的形成打好基础。

(四)注重智力训练

羽毛球运动员的战术意识与智能密切关联,通过智力训练,提升运动员的思维能力和运动智能水平,可以有效促进运动员战术意识的形成与提升。在智力训练与培养中,要特别重视对运动员分析判断能力、概括推理能力以及综合能力的培养,这些能力也是影响高水平羽毛球运动员战术意识形成的关键因素。

思维灵活、创造思维突出的运动员往往战术意识较强,战术行动积极准确,战术行动效果良好,对提高最终运动成绩有积极作用。

(五)分析和讨论比赛案例,了解战术变化办法

结合精彩的羽毛球比赛来分析讨论,了解比赛中选手的战术行动与灵活变化过程,能够激发羽毛球运动员对战术意识的重视,对羽毛球运动员的战术意识进行有效培养。因此,羽毛球运动员要争取机会参加国内外的高水平羽毛球赛事,在实战中提升自己的临场比赛能力,积累丰富的比赛经验,从成功与失败中总结经验教训,不断强化自身战术意识。

羽毛球比赛有输有赢,不管结果如何,都应该有所收获,在实战中成长,认真总结经验,不断调整自己,形成强烈的战术意识,为下一次参加比赛做好准备。

第八章　高水平羽毛球运动员的创新能力及游戏训练

我国的羽毛球运动一直都在世界羽坛占有重要的位置，近几十年里我们国家培养出多位世界级选手。他们不仅具有优异的运动水平，而且还具有一定的创新性，不断地为羽毛球这项运动的发展贡献力量。展望未来，在已经发展相当成熟的羽毛球领域，要想继续保持领先的位置，必须提高运动员的创新能力。本章，我们从高水平羽毛球运动员创新能力的培养、游戏训练对羽毛球运动员竞技能力提升的作用以及羽毛球运动游戏训练与方法三方面进行分析，希望对我国的羽毛球运动的持续发展提供一定的助力。

第一节　高水平羽毛球运动员创新能力的培养

一、创新能力对高水平羽毛球运动员的意义

（一）中国羽毛球运动员的优势

我国的羽毛球竞技水平位居世界前列，近几十年来不断地涌现出了一代代的优秀运动员。他们不仅为世界羽坛贡献了许多宝贵的羽毛球技战术内容，也推动和影响了亚洲乃至世界范围内的羽毛球发展。尤其近年来，羽毛球运动在我国越来越多地受到大众的喜爱，已成为一项全

民性体育运动。和足球、篮球等需要强悍的身体条件的运动项目相比，羽毛球的轻盈、灵活更加适合动作人的身体条件。不需要像足球运动员那样的身体对抗，也不需要篮球运动员那样高大的身形，羽毛球运动讲究的更多的是技巧性和灵敏性。并且，中国羽毛球运动员正是因为他们勇于拼搏和大胆创新的精神，才在世界羽坛为中国赢得了重要的位置。

（二）创新能力决定了未来方向

在羽毛球这项运动中，中国运动员不断地尝试在各项技术中寻求突破，进而提升整体的实力。可以说，在当今竞争极为激烈、发展已经趋于相当成熟的羽毛球项目，更多的是靠提升运动员的创新能力才能实现突破。当前的羽毛球技术和战术都已经相当成熟，每一种技术和战术都被各个国家的运动员熟练掌握。在这种情况下，只有具有更强的创新能力，在原有的基础上得到进一步的提升，才能在高手如云的世界羽坛获得先机。应该说，谁更具备创新能力，谁最先实现突破，谁就是未来的赢家，很有可能称霸未来的世界羽坛。

因此，对于我国的高水平羽毛球运动员来说，他们肩负着重要的使命，必须加强提升自身的创新能力，这不仅关乎个人的运动生涯的发展，同时也关乎国家的羽毛球项目的持续发展。对于运动员的培养，不仅要注重他们的个人技战术水平的发展，还应该有意识地培养他们养成自主创新的意识和能力。

（三）创新能力的重要价值

以往，人们对运动员的认识是相对狭隘的。人们普遍认为运动员天生就具有相当高的运动天赋，只要他们在原有的基础上再进行刻苦的训练，假以时日，就会取得骄人的成绩。然而，随着竞技体育的产业化发展，以及普通人健身意识的增强，让人们逐渐意识到，竞技体育是一门相当复杂的运动科学，不仅仅是刻苦训练就能获得好成绩那么简单。竞技体育的发展意味着各个运动项目都已经趋于成熟，仅仅靠身体天然的优势并不一定能取得成绩，或者仅仅靠熟练掌握现有的技战术也不是获胜的法宝。当代的竞技体育运动员在不断地尝试突破，不断刷新世界纪录。因此，创新能力几乎是当代优秀运动员的必备能力。对于羽毛球运动员而言，由于羽毛球本身属于我国的优势项目，在高手如云的当下，新生代运动员要向突破重围，必须加强培养自身的创新能力。或者说，高水平羽毛球运动员最终较量的，可能不是身体素质、技术和战术，而是他们的创新能力。具备创新能力的高水平运动员是未来的发展方向。

二、高水平羽毛球运动员创新能力的培养途径

（一）从运动员的个性出发

高水平运动员的创新能力培养，还要从每个人的独特条件出发，不能采取一刀切的方法。对高级人才的培养，最基本的前提就是因材施教、因势利导，高水平运动员需要立足自身优势条件，不断挖掘内在潜力，以尊重运动员的个性发展为基础，以人为本，使运动员的运动风格与个性得到充分实践。只有在这样的前提下，才可能实现突破，实现创新。

针对不同运动员的个体差异，教练相关人员应加强关注和研究，在训练中全面探寻其内在的特点和规律，为他们的独特性的发展创造有利的客观环境。主观上，教练也应该引导运动员积极地、自觉地发展自身长处，在训练和比赛中尽量以己之长，攻彼之短。

（二）引导有针对性的创新

对运动员创新能力的培育是有一定导向性的，除了立足自身优势之外，以攻克对手的弱点为目的也是一个有效途径。即有针对性地进行创新。比如，有的运动员耐力是弱项，那么就应该针对他们的弱项展开制定相应的训练计划和训练目标。对不同专项训练的效果进行评估，并制订合理的恢复性训练计划，如肌肉拉伸、营养补充等项目，帮助运动员调整至最佳状态。另外，还要加强运动员的交流和沟通，特别是对于其他国家优秀运动员的基本信息要做到心中有数，对他们的强项和弱项要有针对性的攻破。创新是在已有基础上的创新，也是具有针对性的创新，因此，对对手的绝对熟悉和了解也是实现创新的一个有效途径。

（三）提高运动员的综合素质

我国竞技体育起步较晚，在很多方面都属于后来追上的状态。这就导致我们培养运动员的途径和手段上存在一些简单粗暴的问题。早期的职业运动员都是以放弃正常的义务教育为代价的，这为他们退役后的发展造成的严重的损害。尽管近些年来国家和体育部门对这一问题做了相关的调整和改善，但是根本的问题仍然存在。以羽毛球运动员为例，他们都是从青少年开始进入省队、国家队进行集中训练的，在文化课的培养方面明显落后于同龄人。然后，一个人的文化素养基本决定了他们的发展空间，或者说，决定了未来的路能走多远。对于高水平的羽毛球职业运动员来说，有很多时候真正限制他们的不是运动技能，或者身体条件，而是意识和理念。高水平运动员的竞争，不仅仅是运动水平的比拼，也是人格、格局、胆识和综合素质的比拼。因此，如果想全面的提高高水平羽毛球运动员的创新能力，需要从加强他们的综合素质，尤其是文化物质着手，这可能是一个重要的途径。

对运动员的文化素质的提升，并非只有被高校录取这一途径。而且，很多运动员进入高校后，也未必真的如实参加，更多是一种光环。因为，更为实际的做法是，在日常的训练中，融入对运动的品德、心态、思维的教育，帮助运动员获得全方位的成长，为实现创新能力的培育做出准备。

（四）加强训练模式的改革

传统的训练模式下，往往忽视对羽毛球教学训练的挖掘，将其纳入具备休闲娱乐特征的教学范畴，显然这与现代体育教学理念相悖。现代羽毛球训练，更加注重理论与实践的同步，注重对训练理念、内容与方法的革新，展现了现代竞技体育训练科学的专业性。对高水平运动员的培养，尤其需要从训练模式着手。首先，原来保守、陈旧的训练理念不仅不能更好地开发运动员的潜力，而且有些时候反而还扼杀了运动员的优势。长此以往，原本具有创新能力的运动员被严重地束缚了，无法展现他们的天分。因此，在培养高水平羽毛球运动员的时候，还应该不忘对原有训练模式的革新与修正。转变以往单一、滞后的训练思维，将先进的羽毛球训练理念和方法纳入我国体育系统和教学系统，为全面地挖掘和培养优秀的羽毛球运动员而努力。

最后，确保教学方法推陈出新。在羽毛球训练中既要注重创新能力的培育，更要配合有效的训练方法，致力于球员专业技能的稳步提升。

第二节 游戏训练对羽毛球运动员竞技能力提升的作用

一、游戏训练对提升羽毛球运动员竞技能力价值

只要进入竞技体育范畴，没有哪种运动项目的训练是可以轻松完成的。羽毛球训练也不例外，羽毛球职业运动员都是经历了多年的系统的、艰苦的训练才有了今天的成绩。对于有些项目和技能来说，艰苦的训练并不会带来更好的训练效果，相反，由于训练枯燥乏味，常常让运动员在情感上和心理有抵触情绪，在训练时会反映在身体表现上。于是有人提出游戏训练的主张，这大大地优化了训练体现。羽毛球的步法训练就是其中一个很好的例子。以往的步法训练，都是以各种跑步训练来完成的。跑步训练能够提高运动员的耐力、爆发力、弹跳力，但是对步法的训练缺乏针对性，因此，尽管运动员付出了很多努力和汗水，但是对步法的提升效果有限，付出和得到严重不成比例。为妥善处理这一问题，有些教练尝试将趣味游戏融入羽毛球步法训练的实践中，通过长期的探索和实施，发现游戏训练不仅在步法提升方面表现出了非常好的效果，而且在球感、反应能力、协调能力等方面都有明显优势，于是更多的游戏训练法被引入羽毛球训练中。

（一）加强球员间的合作

根据实际训练经验表明，采用体育游戏教学的方式，在高水平羽毛

球运动员的训练活动中，不但能够激发球员的训练主动性，还能够调动其创新能力。在游戏当中，教练通过系统的组织训练活动，可以强化球员彼此之间的交流与合作，拉近球员之间的距离，有利于构建团结协作的运动风范，以此确保训练工作更加顺利和高效。比如，通过开展体能类游戏活动，可以强化球员的身体机能；通过竞争与合作的游戏训练，培养球员敢于拼搏、努力坚持的精神，同时也强化了名球员的团队合作的能力。总之，球员对游戏训练怀有轻松的心态，能够缓解高强度训练的紧张情绪，从而更加自如地进入训练，进而获得更好的训练效果。

（二）激发球员的训练热情

在开展游戏训练期间，教练要做好专业化的指导，尽管是游戏的形式，但是训练的正确性和严谨性不能松懈。游戏的形式，是为了降低训练的枯燥乏味感，但是对错误行为的纠正并不能放松，否则就丧失训练的目的和意义。在游戏训练期间，倘若球员只是单纯重复练习同一个动作，长此以往，便容易生出抵触情绪，从而对训练产生较大阻碍。因此，教练应该及时调整游戏的形式和内容，以此来保持球员的积极性和敏感性。教练还要努力研发新的游戏训练内容，组织丰富的游戏活动，并对训练内容实施创新安排与设计，目的是充分激发球的学习主动性，提升其参与活动的兴趣，使其感受到游戏带来的愉悦，从而构建积极活跃的训练环境。在这种轻松、愉悦的状态下，球员和会乐于主动思考自身动作，努力规范其技术行为，有利于球员进行自主练习，为创新能力的提升做好准备。

（三）增加训练的节奏感

羽毛球的游戏训练有着多样性、娱乐性、竞争者以及合作性等特点，这些特点在高水平羽毛球运动员的训练中起着重要作用。首先，游戏的融入可以天然地活跃氛围，这在以高强度训练为主要内容的职业运动员的生活中十分稀缺，因而可以激发球员的训练热情，教练可以将羽毛球相关规则与技能要求等融入游戏中，球员作为游戏的主体，在游戏过程中体验到的是轻松愉快的，然而身体记忆获得的却是对专业技法的塑造和加强。其次，在高强度的训练中穿插进行游戏训练，可以起到调节训练节奏的作用，让球员的训练呈现一种波浪式的节奏，在心理上具有舒缓紧张情绪的作用。因此，游戏训练是对传统训练的一种有效补充，发挥着不可替代的作用。

（四）培养球员的团队精神

羽毛球的训练游戏已经发展了一段较长的时间，因此有了大量的积累。在训练实践中，羽毛球游戏训练已经被系统地做过整理和分析，按照不同的功能进行分类和进一步的发展。羽毛球游戏作为一项辅助训练手段，增加了训练的趣味性和实用性，受到教练和球员的广泛欢迎。能够对球员展开针对性的体育训练，改善他们的体能情况，同时游戏所具备的竞争性特点，对培养球员拼搏、坚持的意志以及合作团结的精神也起到了重要作用。

最后，游戏训练还有利于提升羽毛球教学的效率，游戏的多样性特点使得训练不再是一味地重复，教练可以将训练内容有机整合，组织球员开展各项比赛活动。有研究表明，以竞赛形式呈现的游戏更能激发参与者的积极性，激发出他们的潜能，这不仅有助于培养球员的战术思维，发挥出他们的主体作用，还能促进训练效率的提升。

二、游戏训练在不同阶段发挥的作用

在训练实践中，羽毛球游戏常常按照参与的不同环节进行分类。比如，准备活动中的游戏、主体训练的游戏、步法训练的游戏、结束阶段的游戏等。根据这些分类，游戏训练分别体现了不同的功能和作用。

（一）在准备活动中的作用

准备活动就是帮助球员进行热身，提升他们的兴奋度，换气身体和精神的兴奋度，帮助球员活动身体肌肉群和各个关节。在准备阶段的游戏设计时，教练要考虑羽毛球的特点，比如用喊数抱团的游戏训练的是球员的敏捷性，用象形追赶，双脚开合跳可以训练球员腿部肌肉的力量，通过这样的方式打开球员的身体，迎接正式训练的开始是一个很好的开端。和跑圈等热身方式相比，通过游戏热身，不仅可以让运动员的身体得到唤醒，同时他们的运动神经，情绪和心理也都被很好地整合起来。因此，在准备阶段进行一两个适当的游戏训练，可以明显提高正式训练的效率。

（二）在主体训练阶段的作用

在主体训练部分，对于高水平运动员而言是他们训练最艰苦的部分，它包括着羽毛球的专项体能、技术和战术等。教练和运动员在这一阶段都会耗费大量的能量、心力，因此，常常会有透支的感觉。然而，有经验的教练会在主体训练阶段适当地选择一些训练游戏，这些游戏不仅将理论与实践相结合，作为主体训练的加强，更重要的是，通过一些简单的游戏，能够很好地帮助球员进行一场情绪和心理的按摩，缓解部分焦虑。通过适当的小游戏还可以活跃压抑、紧张的训练氛围。在游戏中，球员内心会不自觉地回到一个孩子的状态，这本身就是一种放松活动。比如，在握拍技术的训练中，握拍技术有正手握拍和反手握拍，握拍方式的准确性对接球的流畅性有重要作用，教练要突破传统教学中示范、练习、检查、纠正的枯燥流程，可以设计镜子影像的游戏，让两组球面对面进行动作练习，促进球员对握拍技能的掌握。

在发球技术中，发球的质量对赛场的主动与被动情况起到重要影响，发球的角度、力道等控制准确，能够很大程度地提高获胜的概率，而掌握控制的力度不够则容易被对方反杀。在训练中，教练可以利用发球比赛的小游戏，在墙上根据羽毛球的高度画出两条平行线，以小组的形式将球发到平行线中间，获得分数高的小组为胜

在击球技术的教学中，要注重球员的反应能力和战术的采取能力训练。在赛场中能够根据对手的反应去转变击球的动作，接到对方击过来的球时，也能突破对手防线，使其出现失误。教练可以将有的放矢的游戏融入训练环节当中。5 个球员为一组，在场地内划好界限，每个小组前 5 米距离放置一个塑料桶，桶前有另一组球员发球，界限内的球员能够将发过来的球击打进桶内，以计分的形式去决定小组胜负。

除了基本的动作，步法也是羽毛球教学中的重点，教练同样要认真对待，将趣味的游戏融入其中，避免单调重复的训练给球员带来的枯燥感。

（三）在步法训练中的作用

羽毛球步法训练始终是训练难点，其中涉及的步法复杂，但步法方面的受重视程度十分有限。为妥善处理这一问题，教练应尝试将趣味游戏融入羽毛球步法训练实践，制定和探索实施策略，使趣味游戏全面融入并提升羽毛球步法训练质量。

（四）在教学结束阶段的应用

训练结束之后，教练需要带领球员进行整理运动，使其身体逐渐恢复到正常状态，缓解肌肉酸痛和疲劳。传统教学中一般会用一些舒缓的动作去放松身体，游戏的运用则能够增加整理运用的新颖性。比如，选择一段流行音乐，结合健美操放松，或者当下社会比较热门的健身博主的瑜伽视频等，把非专业但是有趣的放松活动引入高水平运动员的放松环节，其实是让运动员以感受当下热点趣闻的方式，得到身心的放松。总之，教练可以根据球队的喜好和特点，选择一些轻松有趣的、新颖的方式进行放松，让球员的神经瞬间得到愉悦和休息，从而为下一阶段的训练做好准备。

第三节　羽毛球运动游戏训练与方法

羽毛球训练中有许多非常有趣且有效的游戏训练方法，是针对不同技术、步法而设计的多种游戏方法，对提高运动员的球感、单项能力和综合能力都十分有效。游戏训练对于各个水平的运动员都是适用的，因为游戏训练最大的特点是具有很强的趣味性，可以令训练更轻松，特别是多人游戏训练，可以降低训练的枯燥乏味的感觉，在不知不觉中完成了技术的提升。而且，高水平羽毛球运动员往往会在高强度训练的间隙，或者休息时间进行，既可以调节紧张的神经，又可以放松心理状态和身体状态，因此，游戏训练起到很好的过渡和缓冲的作用。

羽毛球的游戏训练有增强球感的徒手训练，也有提升技术的持拍训练，还有针对步法提高的步法游戏。步法是羽毛球运动中的训练难点，相较于传统的步法训练模式，趣味游戏训练体现了良好的实践效果，对运动员的技能提升有明显的积极影响。因此，教练应不断研发更多的具有新方法和新趣味内容的游戏训练方法，为羽毛球训练创新提供新的思路。

一、增强球感的基础游戏训练

（一）观察训练

观察能力是一切训练的基础，在进行正式的游戏之前，需要先从观察能力开始。练习时眼睛要注视来球的方向，迅速判断接球的位置、高度和出手的速度等，牢牢抓住空中的羽毛球，同时投球的手也要每次体会不同力度对球的高度和弧线的影响。

（二）发球游戏

用食指和拇指捏住球塞部位，将球托架在中指第一关节处，持球的方法和握笔的方法类似，掌心完全空出。投球时用大臂带动小臂再带动手腕向后屈伸挥引，再向前抖动手腕，靠手指力量将球向前上方抛出，体会击球发力的动作。

（三）单手抓球游戏

运动员用单手抓住从上落下的羽毛球，但不能事先就伸着手，要配合球落下的时间，练习瞬间出手的能力，并做到准确过头抓住羽毛球。该游戏可以单独进行也可以和同伴配合练习。在没有同伴一起练习时自己把球抛起来再接住，对于高水平的运动员而言可以增加难度，比如抛球后越过障碍物再接球。该游戏主要练习眼手配合的默契，如果还与翻越障碍物的设置，则还包括眼、手、腿的综合协调能力，经常练习可以保持运动员的机敏程度。

(四)空手击球游戏

在习惯了用手接球以后就可以开始练习用手将飞来的羽毛球击落，这样就逐渐记住了球落下的时间感觉。

(五)徒手传接球游戏训练

徒手进行羽毛球的传接练习，这是熟悉球性的基础游戏训练方法。通过双手对羽毛球的不断传接，增进身体对球体的熟悉感，包括对球的重量，弹起的高度、角度以及落下的速度等，运动员会得到细微却非常重要的球感。因此，徒手传接球训练是一项有效的场外辅助性击球练习。

自然站立，两手一手拿球将球于头上方抛向另一手，另一手接住球，再将球于同样路线抛回，反复练习。熟练后可一手持球拍，一手持球，一手抛球，另一手用球拍击回，同时将球拍换至另一手，用球拍接球于原路线击至另一侧，反复进行，该游戏需要双手的灵活配合，既要保证换拍顺利，还要顺利接住来球。经过往返多次练习，运动员的控球能力将有大幅提升。

(六)传接球游戏

两人配合练习，用手掌做发球或击球动作，进行传接球的练习。传球方将羽毛球托冲前，平放于手掌心中，手臂于体侧以向后摆动准备发力，采取发球或击球的动作将球向前传出。接球方迎着来球的方向伸出手掌接住来球，并顺势向后摆回手臂，与此同时手指将球迅速调头，使球托朝前，再将球传出，以此反复练习。

二、“喊号接球”游戏训练

“喊号接球”是针对球员步法技巧的训练方法，可以很好地帮助球员提高步法的灵活性和稳定性。传统的步法训练相对枯燥，导致步法训练效果始终难以有质的突破。以往的羽毛球步法训练，大部分训练手段是以跑步训练为主，跑步训练提高了球员的体能和耐力，但是对步法的针对性训练不强。而趣味游戏训练恰恰弥补了这一缺憾，成为开辟羽毛球步法训练的新渠道和新途径。其中最为常见的"喊号接球"是一种针对羽毛球步法训练开发的新游戏，这一开创性的游戏训练法，得到各个水平的羽毛球运动队的好评，相比于传统枯燥的训练模式，"喊号接球"的应用使传统的步法训练空间得到拓展，并带给球员轻松愉快的步法训练体验。

（一）游戏规则

该游戏适合羽毛球队的集体训练，不适合个人或者人数较少的情况。首先，教练将球员排号，每10人为1组，每组只有1只羽毛球，每人1只球拍。发球者站在小组成员的对面，并通过大声喊口号的方式开展游戏，如1～10号，被叫号学生直接上前接球并进行击打，根本目的是锻炼学生的步法控制和快速的响应能力。被喊到号码但却并未成功接球的球员视为失败，可以被淘汰，也可以计分的形式减分。当然，整个过程由于发球的方向不一，对学生的垫步、交叉步、跨步等不同步法都是一种有效的锻炼和强化。

（二）游戏实施效果

作为一种互动性较强的趣味游戏内容，"喊号接球"使羽毛球步法训练不再局限于传统的固定模式，而是深入到互动实践过程中，在有效互动中达成学习目标。从教师的角度出发，相比于传统的羽毛球步法训练过程，步法训练趣味游戏的应用效果显著，让教师在课堂上被解放出来，摆脱传统的模仿和示范的方式，高效互动让整个实践过程更有效；从学生的角度出发，在趣味游戏的实施过程中要时刻保持高度注意力，通过实践活动来强化和锻炼步法，获得良好的训练体验。从趣味游戏的实施效果可以看到，"喊号接球"远比传统羽毛球步法训练方法效果更直接，对学生成长空间的拓展和延伸有积极意义。

三、"击掌移动"游戏训练

羽毛球运动具有较强的对抗性，为了达成得分目的，运动过程中有非常激烈甚至凶狠的对决。比赛越是激烈，越是需要步法的灵活配合，因此对步法加强训练是非常必要的。对球员而言，步法训练的过程更强调在对抗中的训练，达到灵活运用并促成队员获得比赛优势，将更多的技战术要点充分表现。将趣味游戏融入步法训练，能增强球员的协调能力和反应能力。开发"击掌移动"游戏，能为羽毛球步法训练创新提供保障。

（一）游戏规则

10 人 1 组，两个小组成员在羽毛球场地的一端相对站立。从第 1 名球员开始，2 人伸出手掌，保持一定距离开展侧滑步行走，掌心相对保持平行状态，在行走过程中始终保持手掌平稳，不能出现接触或者错位的情况，快速到达终点后为一组结束，然后下一组开始。游戏过程中，需要每个球员都体会步法的稳健，双腿的均匀用力，以及灵活地滑步行走。当大家对这种形式都熟悉之后，还可以对击掌的方式进行调节，如小组成员相对而立，在侧滑步行走的过程中双方可以按照指令伸出单手或双手击掌，以锻炼球员的手脚协调能力。规则本身是开放的，"击掌移动"游戏的实施可以根据球员的实际情况作出内容方面的调整，为羽毛球步法训练的有序推进打好基础。

（二）游戏实施效果

"击掌移动"作为一种简单的游戏方式却能提供很好的步法训练，而且还改善了传统步法训练的枯燥乏味。而且，在击掌方式的选择方面，学生本身拥有一定的自主权，可以对游戏进行拓展。除了侧滑步外，教练还可以开展多元的步法练习模式，对球员的步法稳定和提升有积极意义。

四、“多球练习”游戏

这里主要是指步法的多球练习，它强调单人的步法训练。多球练习的趣味游戏是对步法训练过程的专项强化，对球员步法技巧的强化有积极意义。“多球练习”还可以提高游戏的强度和难度，因此教练应该充分利用和挖掘“多球练习”的游戏价值，让羽毛球步法训练价值得到释放。

（一）游戏规则

球员站在羽毛球场一侧，由教练和几名球员组成发球队伍，通过快速发球的方式来强化球员的步法技巧。练习时可以分阶段提高发球速度，逐渐增加训练的难度。“多球练习”能够锻炼球员的反应能力，而只有在一定强度的训练下，才能显著提升基础技能。教练或者队友发球后，接球的球员根据来球方向做出判断，快速确定步法技巧，通过这样的方式来强化球员的综合素养。“多球练习”的方式使枯燥的训练模式得到革新，球员的体验感得到强化。而且，可以在游戏中增加计分比赛的环节，提升游戏的趣味性。

（二）游戏实施效果

“多球练习”作为一种趣味性的游戏活动方式，对球员羽毛球步法训练有积极作用。从实践效果来看，相比于传统步法训练模式下出现的运动疲劳等情况，大部分球员在趣味游戏下的参与感更强，而且也不容易感到疲倦，对练习的积极性更高，训练体验得到很好的优化。经过一段时间的训练之后，球员的羽毛球步法技巧如垫步、跨步、交叉步等得到明显提升。

五、“易拉罐投球”游戏

前面讲过，羽毛球对定点击球的能力要求非常高，运动员通过对球的落地的精准掌控，往往是职业比赛中精彩对决的基础。通过精准控球，让球落在对方完全无法接到但有恰好落在线内，从而获得比赛的主动局面。

（一）游戏规则

"易拉罐投球"游戏是对于高水平球员的定点投球的一种游戏训练。易拉罐只是一个形象的说法，运动前刚开始练习时，可以选择一个类似口径大于易拉罐直径的容器练习，比如小桶或者大一点的瓶子等，其大小只要能够容纳 10 个左右的羽毛球即可。练习时，选择一个较宽敞的空间，在距离容器 5 米处画一条线，练习的球员站在线后，用球拍将球依次投入容器内，且不能打翻容器。

（二）游戏实施效果

经过一段练习后，球员能够提高自身的定点击球的准确性和稳定性。然后再换口径更小的容器进行，并增加游戏的难度。通过逐渐提高游戏难度可以更好地训练球员的精准击球的能力。往容器投球本身就具有一定的游戏性和挑战性，因此球员在训练中不会觉得十分枯燥，在不断的练习之后，球员对球感、距离、力度、弧线以及球的落点都有了极高的把握，为他们在比赛中的控球能力做好准备。

六、羽毛球掷远游戏

（一）游戏规则

教练有时候也会采取"羽毛球掷远"游戏，先把球员分为两队，在球场端线处进行竖列的排列，每队的排头在端线后按照击高远球的动作将球扔过球网，过网之后球员再捡回来交给后面的学生，继续扔球，如果球没有扔过球网，球员则可以捡回来继续扔，以此类推，直到最后一位球员结束。这一练习看似简单，实际上对练习球员的协调发力非常重要。因为羽毛球自重很轻，投掷的时候难以借助重力把球投远，要想投得更远，完全依靠球员投掷的技巧和全身协调用力的能力。

（二）游戏实施效果

在练习之初，球员发现要把羽毛球投远并非那么容易，仅仅靠手臂或者手腕的力度是远远不够的。经过多次尝试后，球员慢慢体会到投球的潜在技巧，通过核心力量、脚蹬地的力量以及手臂带给球的惯性，可以将球轻松投远。这一练习可以训练球员身体协调用力的能力，在比赛中可以有效地保护体能缓慢的释放。

七、正反手对墙击球游戏

（一）游戏规则

击墙壁球游戏训练不受场地和对手的限制，运动员可以独自随时进行，这是一项很好地培养球感的游戏。球感对于运动员而言是看家的本领，需要一直训练才能保持球感的绝对敏锐。该游戏主要目的是体会正、反手正确握拍和发力击球的感觉。

练习时需要一块平滑的墙面，运动员站立于墙壁正前方的 2～3 米处，分别用正、反握拍技术握拍，并连续向着墙壁击球。游戏的要点是用力要均匀，且不宜过大，一次控制球的反弹速度和角度。同时脚步应积极准备移动，配合手臂完成击球动作。

（二）游戏实施效果

正反手对墙击球是练习球员手眼配合的游戏之一，通过训练，球员的反应能力，对击球力度的把握，对球的反弹速度都有了更准确的把握。而且后期还可以提高球员正反手击球是步法的配合。一名优秀的运动员可以通过对墙击球练习，将正反手击球和球速的把握达到相当高的水平，球员可以自如地调节击球的距离和速度。

八、封网对墙壁击球游戏

(一)游戏规则

运动员站立于墙壁正前方的1.5米处,练习用封网动作连续向墙壁击球。该游戏的难点是一开始练习时,往往接不到球,因为球的反弹速度大于运动员挥臂的速度。因此在该游戏的练习过程中运动员的手臂几乎一直保持高举状态,主要用手腕和手指的力度击球,用心体会小臂、手腕和手指的快速配合发力。尽管如此,仍然要注意缩小手臂摆弧。

(二)游戏实施效果

通过封网击球练习,球员可以体会封网动作中跳起时和小臂、手腕以及手指的配合发力,将力量主要用于下压球上,同时又不会耗费过多的体力。

九、两人坐地挑球游戏训练

(一)游戏规则

两人相距5米左右,坐在地上练习,用正、反手做来回挑球的练习。尽量保持球不落地。多次练习。

(二)游戏实施效果

该游戏是一种手感和球感的保持性游戏,无须步法和腿的配合,专注于小臂和手腕对接球和击球的力度和速度的敏锐体察。一般运动员会在休息时或比赛前进行这一练习,作为放松活动,它既可以令紧张的精神恢复松弛状态,又能保持手部的热身状态,一旦比赛开始身体可以顺利进入比赛状态。

十、原地抬球游戏训练

（一）游戏规则

这是一种最佳的熟悉球性、增强球感、提高手眼配合、体会握拍发力的游戏。这一练习也不受时间和场地条件的限制，只有一块相对空旷的场地，运动员有一副球拍和一只羽毛球，就可以随时练习。开始练习时，可以先用正手拍面轻轻向上抬击球，尝试连续、稳定地抬击并控制球，保持在一定的高度，然后根据自身情况变化抬球的高度，然后在每一个高度保持稳定练习，最终的目的是能够连续稳定地让球在任一高度进行原地练习。熟练后可以换反手练习，还可以挑球动作全力向上方抬击球，体会发力动作方法。

在允许的范围内，比如场地允许，个人能力也允许的情况下，可以试着将球用最大力量击出，然后再迅速跑去接球。注意尽量挑战更远的距离并能够接到球，即使接不住球，也要尽最大努力去触碰到球。该游戏可以练习手上的控球能力以及脚下对移动速度的控制，练习全身的协调发展。

（二）游戏实施效果

对于初级运动员而言，这一练习可以让他们很快地找到全身协调发力的感觉，以及有利于对球感、手感以及力度和速度的把握能力的提高。对于高手运动员而言，这一游戏经常被用作放松活动，即保持热身又能够相对处于松弛的状态。

十一、三人传球游戏

（一）游戏规则

三人传球游戏，不仅可以增加游戏难度，也增加了游戏的趣味性。

练习时三人围成一个直径大约为 6 米左右的圆，每人手执一把羽毛球拍，其中一人持球，将球传给右手边的队友，那么接球的队友需要用反手接球，然后再传给另一名队友，另一队友可以根据情况选择正手或者反手接球，再传回给第一名队员。循环往复练习，在接对方的来球时，球拍应先做一后撤缓冲，尽量使来球稳稳地停留在自己的球拍上，然后再让球下落，并顺势还击给对方。

（二）游戏实施效果

三人传球游戏增加了游戏的趣味性、复杂性和娱乐性，多人参与游戏比独自进行更能激发球员的兴奋度，在游戏中会更加投入，对提高运动员的接传球能力有明显提高。

十二、四人传抢游戏

（一）游戏规则

4 人各执一把羽毛球拍，其中 3 人各相距 6 米成等边三角形站立在一个直径 2 米的圆圈内，用羽毛球拍将一只羽毛球在 3 人之间来回不停地传击。第四名队员站在圆圈的中间，负责用球拍拦截从他上空经过的传球，但中间的球员不能跳跃拦球。站在外围的球员需要尽量做高传球，以避免被拦截。在此过程中，传击者不得用任何方法停接住球，必须直接击回，凡是失误者，或者接球失败，或者发球被中间拦截的队友拦截住，那么交换位置重新开始游戏。

（二）游戏实施效果

4 人传接球游戏是练习球员的观察能力和应变能力，以及高空传接球能力。即不能用力过猛超出队友的接球能力范围，又不能让球飞行过低被拦截方拦截。这是一种在游戏中把握击球高度和力度的很好的训练方法。

十三、颠球接力

(一)游戏规则

颠球练习需要一块较为宽敞的场地,保证长 25 米,每接力道宽 4 米,在起始线前 5 米处画一道与起始线平行的标志线,此 5 米区间为交接区。在场地的另一端每个接力道上均放置一个标志杆,视练习人数和场地的条件,将参加运动员平均分成若干个队。游戏时每人均手持一把羽毛球拍,每队的第一名队员从起始线出发,一边不停地上下颠球,一边尽快地跑向场地的另一端,并绕标志杆后返回交接区内,将球颠传给下一位同伴。同伴接球后,按上述方法继续颠球跑,直至所有队员全部完成并记录所用的时间,途中羽毛球每落地一次时间另加 3 秒,每人往返途中没有一次球落地,可以将全队的总时间减少 1 秒,最后计算各队的总时间,所用时间最少的球队获胜。

(二)游戏实施效果

颠球游戏可以训练球员颠球的稳定性,并且能够在跑动中让球在上下跳动的同时,做到左右移动。并也对步法的配合有了一点的训练,因为跑步必须配合球的运行情况,跑动中要随时减速或者加速,因此这一游戏也是一种训练协调能力的练习。

十四、多球轮番上击

(一)游戏规则

一手持拍,另一手拿 3 只羽毛球。开始游戏时,依次将 3 只羽毛球以近似垂直的角度向上抛出,然后用球拍分别接依次下落的球,依次上击,球再次依次落下,运动员再依次击球,循环进行,直至有球落地为止。

能连续轮番击球8次以上为及格，12次以上为良好，18次以上为优秀。

（二）游戏实施效果

多球轮番上击略有难度，因此也很具挑战性，它要求运动员要平衡3个球的击球力度，以及两两之间的落地时间差允许球员刚好接住并稳定地颠起。一旦其中某个球没有处理好，就很可能影响接打下一个球，于是游戏失败。因此，多球轮番上击可综合地训练球员的击球稳定性，以及对速度、力度的把握能力。

参考文献

[1]牛清梅，杨茜，欧阳南军．羽毛球运动[M]．西安：西北工业大学出版社，2021.

[2]焦玉娥，张骞，麻安莉．羽毛球运动与训练[M]．北京：科学出版社，2020.

[3]（日）高濑秀雄著；刘丹丹译．羽毛球训练图解 126 个练习快速提升基础与实战技巧[M]．北京：人民邮电出版社，2018.

[4]刘瑛，韩文华．羽毛球入门、提高训练与实战[M]．北京：化学工业出版社，2015.

[5]何轶．羽毛球运动技巧和训练教程[M]．延吉：延边大学出版社，2018.

[6]刘小禹．羽毛球运动教学与训练创新研究[M]．长春：东北师范大学出版社，2018.

[7]国家体育总局青少年体育司，国家体育总局乒乓球羽毛球运动管理中心编．中国青少年羽毛球训练教学大纲[M]．北京：北京体育大学出版社，2012.

[8]梁福生，孟令滨．羽毛球教学与训练教程[M]．哈尔滨：东北林业大学出版社，2016.

[9]朱建国．羽毛球运动教学与训练教程[M]．北京：清华大学出版社，2019.

[10]杨桦，李宗浩，池建．运动训练学导论[M]．北京：北京体育大学出版社，2007.

[11]胡亦海．竞技运动训练理论与方法[M]．北京：人民体育出版社，2014.

[12]林立球．优秀男子羽毛球运动员竞技能力结构的特征分析[J].

运动,2018(16):22-23.

[13]曹汀汀. 羽毛球运动员竞技能力评价指标体系的构建[D]. 北京体育大学,2017.

[14]任益琢. 影响羽毛球运动员个体能力的因素分析[J]. 文体用品与科技,2022(2):82-85.

[15]李海发,王腾. 青少年足球运动员协调性训练方法及训练原则研究[J]. 当代体育科技,2021,11(34):31-33.

[16]赵西堂,李晓琨. 灵敏素质训练的基本原则[J]. 中国体育教练员,2018,26(1):61-63+67.

[17]李元. 力量和柔韧性训练的解剖学原则及其应用[J]. 同行,2016(11):347.

[18]陈治. 现代羽毛球技术教学与训练[M]. 郑州:河南大学出版社,2014.

[19]郑伟. 论竞技能力[M]. 北京:中国科学技术出版社,2005.

[20]康利则,马海涛. 体能训练理论与方法[M]. 西安:陕西人民出版社,2011.

[21]黎加林,袁磊,谷翔. 羽毛球教学训练理论与方法[M]. 哈尔滨:黑龙江教育出版社,2007.

[22]陆淳. 羽毛球技术训练与战术运用[M]. 北京:人民体育出版社,2006.

[23]陈浩,潘四凤. 羽毛球教学与训练图解[M]. 徐州:中国矿业大学出版社,2013.

[24]仲鸿美. 羽毛球战术意识的培养及训练手段[J]. 冰雪体育创新研究,2021(21):163-164.

[25]李佳莉,倪敏. 多球练习法对提升羽毛球专项技术的效果探究[J]. 九江学院学报(自然科学版),2020,35(4):126-128.

[26]郑其适,陈浩等. 羽毛球[M]. 杭州:浙江大学出版社,2017.

[27]平安,王锋. 小球运动实用技术教程[M]. 天津:天津科学技术出版社,2019.

[28]李琳. 羽毛球步法训练中趣味游戏的融入与实践策略研究[J]. 青少年体育,2022(2):74-75.

[29]肖杰,刘萍萍等. 羽毛球[M]. 南京:江苏科学技术出版社,2012.

[30]马艳艳. 体育游戏在高职羽毛球专项教学中的应用分析[J].

产业与科技论坛，2021，20(19)：170-171.

[31]黄东亚. 探析羽毛球教学训练中创新能力培养的途径[J]. 当代体育科技，2021，11(36)：80-83.

[32]汪姝敏. 创新能力培养在羽毛球教学训练中的作用[J]. 当代体育科技，2020，10(34)：8-10.

[33]龚良兵. 体育游戏在高职羽毛球专项教学中的应用[J]. 农家参谋，2020(10)：274.